ELOGIOS PARA

CUANDO DIOS HABLA

Con claridad y precisión, Chuck Pierce ha excavado una brillante joya llena de
reveladora verdad en las páginas de *Cuando Dios habla*. Este libro es una estupenda
contribución al arsenal de materiales proféticos que permitirán que el actual
mover de Dios siga avanzando progresivamente. *Cuando Dios habla* es una de
las exposiciones más claras que he leído jamás sobre cómo oír la voz de Dios.

JAMES W. GOLL
Presidente, Encounters Network
Autor de *The Seer, The Lost of Intercession* y *Wasted on Jesus*

En los tiempos críticos en que vivimos en la actualidad, es más imperativo que nunca
que los creyentes aprendan a discernir la Voz del Señor. En *Cuando Dios habla*, Chuck
Pierce desmitifica la experiencia de Dios comunicándose a su pueblo y nos ayuda a
entender las maneras singulares y variadas en que Dios habla. Esta es una herramienta
dinámica y capacitadota que debiera de estar en el arsenal espiritual de todo creyente.

JANE HAMON
Autora de *Dreams and Visions*

La práctica de la oración en dos direcciones es mucho más común de lo que solía ser.
Eso hace que sea muy importante para nosotros que seamos capaces de reconocer con
claridad la voz de Dios siempre que Él quiera hablarnos. ¡No hay mejor manual para
hacer que eso suceda que Cuando Dios habla, de Chuck Pierce y Rebecca Sytsema!

C. PETER WAGNER
Rector de *Wagner Leadership Institute*

CUANDO DIOS HABLA

CHUCK D. PIERCE
REBECCA WAGNER SYTSEMA

CASA
CREACIÓN
A STRANG COMPANY

Cuando Dios habla por Chuck D. Pierce y
Rebecca Wagner Sytsema
Publicado por Casa Creación
Una compañía de Strang Communications
600 Rinehart Road
Lake Mary, Florida 32746
www.casacreacion.com

A menos que se indique lo contrario, todos los textos
bíblicos han sido tomados de la versión Reina–Valera, de la
Santa Biblia, revisión 1960. Usado con permiso.

Traducido por Belmonte Traductores
Diseño interior por Hilda M. Robles
Diseño de portada: Jamey Money

Library of Congress Control Number: 2006932549

ISBN: 978-1-59185-940-6

Impreso en los Estados Unidos de América

09 10 11 • 7 6 5 4

ÍNDICE

PREFACIO

Oír la voz de Dios no es tan difícil como algunos pudieran pensar. Yo he descubierto que muchos de los hijos de Dios le están oyendo, pero no han percibido que es la voz de Él. Percibir significa agarrar, sentir, comprender, entender mentalmente, reconocer, observar o ser consciente de algo mediante el discernimiento. Debemos aprender a percibir la voz de Dios, lo cual nos ayudará a entender cuál es su voluntad para nuestras vidas. Obrar según lo que hemos discernido como la voz de Él, hasta que se convierta en realidad, es la clave de una vida cristiana exitosa.

Tener comunión con un Dios santo—usted habla con Él y Él con usted—es el más alto privilegio que tenemos en la tierra. Mi propia vida se ha convertido en una vida que oye la voz del Señor, no solo para mí mismo sino también para otros. Mi mayor deseo es que la gente oiga la voz de Dios, acepte su Palabra y cumpla el destino que Dios tiene para ellos.

Es mi oración que este libro le proporcione los principios de oír a Dios por medio de la profecía y la revelación, le muestre cómo probar y evaluar la palabra profética, y le ayude a saber qué hacer con lo que Dios le haya hablado. A medida que lea este libro, ¡que pueda reconocer la voz que le da vida, y vida en abundancia!

Chuck D. Pierce
Denton, Texas

CAPÍTULO 1

¡ÓIGALE A ÉL!

*Entonces dijo Dios: Hagamos al hombre a nuestra imagen,
conforme a nuestra semejanza; y señoree en los peces del mar, en
las aves de los cielos, en las bestias, en toda la tierra, y en todo
animal que se arrastra sobre la tierra. Y creó Dios al hombre a su
imagen, a imagen de Dios lo creó; varón y hembra los creó. Y los
bendijo Dios, y les dijo: Fructificad y multiplicaos; llenad la tierra,
y sojuzgadla, y señoread en los peces del mar, en las aves de los
cielos, y en todas las bestias que se mueven sobre la tierra.*

GÉNESIS 1:26-28

Desde el comienzo de la creación, la humanidad fue creada para tener comunión con Dios. Debido a que Dios nos creó con un cuerpo, un alma y un espíritu, se nos dio un valor diferente al del resto de la creación. Fuimos creados como seres espirituales. Nuestro espíritu humano nos permite ejercitar inteligencia, percepción y determinación, y tomar decisiones morales; y nos capacita para sobresalir y tener dominio sobre cualquier otra criatura en la esfera terrenal. Este valor intrínseco nos conduce a conocer a nuestro Creador al igual que a conocer cuál es la esperanza de nuestro llamado y por qué existimos.

Debido a que somos apartados de esta manera, también tenemos una responsabilidad que el resto de la creación no tiene. Se espera de nosotros que seamos administradores fieles de los talentos y capacidades que Dios nos ha dado. La única manera en que podemos hacerlo es buscándolo a Él, teniendo comunión con Él y obteniendo la revelación que nos permitirá prosperar. Cuando obedecemos esta revelación de Él, le agradamos.

FUIMOS CREADOS PARA TENER COMUNIÓN CON ÉL DIARIAMENTE

El espíritu es la función más elevada de nuestro ser. Mediante nuestro espíritu tenemos comunión con el mundo espiritual. Cuando abrimos nuestro espíritu humano y permitimos que el Espíritu Santo entre en nosotros y resida en nuestro interior, entramos en una unión santa con nuestro Creador. Mediante nuestros espíritus humanos, el Espíritu Santo nos da la revelación necesaria para llevar a cabo su voluntad en la tierra. Debido a que este es un proceso continuo, deberíamos esperar que Dios tenga comunión con nosotros diariamente a medida que le buscamos. Él anhela que nos acerquemos a Él a fin de poder conocer su corazón y su mayor deseo para nuestras vidas.

Buscar significa mirar con diligencia y escudriñar con sinceridad hasta que el objeto del deseo se localiza y se encuentra. El Salmo 27:4-8 dice:

Una cosa he demandado a Jehová, ésta buscaré;
que esté yo en la casa de Jehová todos los días de
mi vida, para contemplar la hermosura de Jehová, y
para inquirir en su templo. Porque él me esconderá
en su tabernáculo en el día del mal; me ocultará en lo
reservado de su morada; sobre una roca me pondrá
en alto. Luego levantará mi cabeza sobre mis enemigos que me rodean, y yo sacrificaré en su tabernáculo
sacrificios de júbilo; cantaré y entonaré alabanzas a
Jehová. Oye, oh Jehová, mi voz con que a ti clamo;
ten misericordia de mí, y respóndeme. Mi corazón
ha dicho de ti: Buscad mi rostro. Tu rostro buscaré,
oh Jehová.

David era conocido como un hombre con un corazón conforme
al de Dios, porque él estaba dispuesto a buscar a Dios hasta
recibir la mente del Señor y su estrategia para aquel momento.
Por eso es que Jesús también dijo: "Mas buscad primeramente
el reino de Dios y su justicia, y todas estas cosas os serán aña-
didas" (Mateo 6:33).

Moisés nos proporciona un hermoso ejemplo y razón del por
qué debiéramos buscar a Dios cada día. En Éxodo 29 encontramos a Moisés recibiendo revelación sobre las ofrendas diarias,
dos veces al día. El día comenzaba y terminaba con el don de la
adoración y la comunión con Dios. El versículo 42 dice: "Esto
será el holocausto continuo por vuestras generaciones, a la
puerta del tabernáculo de reunión, delante de Jehová, *en el cual
me reuniré con vosotros, para hablaros allí*" (énfasis añadido).
¡Qué maravilloso principio para nosotros! Si acudimos delante
de Dios cada día, Él se reunirá con nosotros y nos hablará. Él
nos apartará para el servicio, y comenzaremos a sentir su presencia. Tendremos seguridad de que Él está con nosotros. Él
nos defenderá de nuestros enemigos. "Y conocerán que yo soy
Jehová su Dios, que los saqué…" (v. 46). Conoceremos que Él
es el Dios que nos mantendrá seguros, nos librará del mal y nos
conducirá a todas las promesas y al destino que Él tiene para
nuestras vidas.

DIOS HABLA

Yo tenía ocho años cuando comprendí por primera vez que Dios tenía voz y realmente hablaba a las personas. Mi piadosa abuela me llevaba a una pequeña iglesia bautista en el este de Texas, donde vivíamos. Una señora llamada Grimes hacía algo muy peculiar. Justamente a mitad del mensaje del predicador, la señora Grimes se ponía en pie y agitaba sus manos. Al ser una iglesia bautista, aquella era una conducta muy poco usual. Sin embargo, el predicador detenía su mensaje y le preguntaba qué estaba sucediendo. La señora Grimes decía:

—¡El Señor me está hablando!

Entonces el pastor decía:

—Díganos lo que Él está diciendo.

Y la señora Grimes comenzaba a decirnos lo que estaba oyendo del Espíritu de Dios y el modo en que afectaba a la iglesia.

Me fascinaba por completo que Dios pudiera realmente hablar a las personas. Cuando el predicador hablaba sobre Dios, parecía aburrido y seco; pero cuando la señora Grimes hablaba, estaba llena de vida y de vivacidad. Yo miraba a mi abuela y decía:

—Si Dios puede hablar a esa mujer, yo quiero que Él me hable a mí.

Mi abuela me miraba—el típico niño inquieto de ocho años de edad—y decía:

—¡Tendrás que aprender a estar en silencio y estarte quieto para que Dios te diga algo alguna vez!

Mi día de salvación

Desde aquel momento en adelante, no hubo duda en mi mente de que Dios tenía voz, pues la había oído por medio de la señora Grimes y en las historias bíblicas que se enseñaban en la escuela dominical. Sin embargo, yo nunca le oí hablarme directamente a mí, hasta que tuve 11 años de edad. Un domingo durante un servicio, el Espíritu del Señor vino sobre mí y dijo con claridad: "Este es tu día". Era como si yo siguiera a su Espíritu hasta el altar y rindiera mi vida a Él todo lo bien que puede hacerlo un niño de 11 años.

A medida que fui estudiando la Biblia, para mí quedó claro que Dios tiene un día de salvación para cada uno de nosotros (ver 2 Corintios 6:2). Todos llegamos a nuestro día de salvación al oír la voz de Dios hablar a nuestro espíritu, el cual hasta ese momento está muerto en pecados. Cuando respondemos a su voz y le permitimos que ilumine la verdad en nuestro oscuro espíritu, llegamos a nuestro día de salvación. De hecho, ninguno de nosotros ha sido salvo sin que la voz de Dios nos atrajera. Puede que no hayamos oído una voz audible, pero debido a que solamente Dios puede iluminar la verdad de la salvación, todos aquellos que han tenido una experiencia de salvación y conocen a Jesús como su Señor y Salvador han oído la voz de Dios, ¡la entendieran o no en ese momento! Es esa misma voz la que nos lleva la Palabra de Dios. Por tanto, cada vez que entendemos una verdad de la Escritura, oímos a Dios en alguna medida.

"Yo restauraré"

Aunque yo había sido salvo, tuve una niñez difícil y con frecuencia traumática y abusiva. Mi familia había sufrido una gran pérdida y angustia. Una buena parte de mi familia se desintegró durante mis años de adolescencia como resultado de las incursiones del enemigo en la vida de mi papá. Luego él murió en trágicas circunstancias cuando yo tenía 16 años. Cuando llegué a los 18 años, mi cuerpo había comenzado a sufrir a causa de estar trabajando, ir a la universidad y tener una vida nocturna bastante agitada.

Finalmente, acabé en el hospital sufriendo de agotamiento y neumonía doble. Fue mientras estuve en el hospital que el Señor me habló claramente con voz audible y dijo: "Yo restauraré todo lo que has perdido". Con aquellas palabras Él penetró en cada parte de mi ser. Aunque yo ya lo había sospechado antes, ahora *sabía* que Dios tenía un plan no solamente para regresar y sanar las heridas de mi pasado, sino también para restaurar mi futuro.

Yo nunca antes había visto el concepto de restauración en la Biblia, pero a medida que la leí con más diligencia, aprendí que la voz de Dios tenía poder para restaurar (ver Joel 2:25). Toda mi vida cambió desde aquel momento; y desde ese tiempo, Dios me ha sanado, me ha liberado y me ha restaurado de maneras milagrosas.[1] La voz de Dios tiene un gran poder para sacarnos

La voz de Dios tiene un gran poder para sacarnos de las ruinas de nuestro pasado y situarnos en el camino que Él ha ordenado para nuestras vidas.

de las ruinas de nuestro pasado y situarnos en el camino que Él ha ordenado para nuestras vidas, como aprendí aquel día hace muchos años.

SU TESTIMONIO ES PODEROSO

A medida que sigue leyendo, este puede ser un buen lugar para que usted se detenga y piense en cómo la voz de Dios se ha manifestado en su vida. ¿Cómo fue usted salvo? ¿Cómo ha afectado Dios de modo sobrenatural su vida y sus circunstancias? Puede que quiera usted escribir su testimonio. La razón para escribirlo es que hay gran poder en la palabra de su testimonio; edifica la fe como ninguna otra cosa puede hacerlo. Nuestro testimonio es una importante función del espíritu humano. Piense en el Arca del Pacto. Había varios objetos en el arca, uno de los cuales era el testamento que Dios le dio a Moisés. Cuando tenemos comunión con Dios mediante la Palabra, almacenamos sus preceptos y principios en lo profundo de nuestros corazones, donde hemos establecido pacto con Dios. Cuando obedecemos esos preceptos y experimentamos la fidelidad de Dios, desarrollamos un testimonio que tiene gran poder contra nuestro enemigo. Una vez que hayamos establecido testimonio, podemos refutar las mentiras del diablo diciendo: "Dios me ha hablado esto. Porque he visto su mano moverse en el pasado, sé que Él hará lo mismo ahora, ¡porque nada es imposible para Él!".

Apocalipsis 12:10-11 dice: "Entonces oí una gran voz en el cielo, que decía: Ahora ha venido la salvación, el poder, y el reino de nuestro Dios, y la autoridad de su Cristo; porque ha sido lanzado fuera el acusador de nuestros hermanos, el que los acusaba delante de nuestro Dios día y noche. Y ellos le han vencido por medio de la sangre del Cordero y de la palabra del testimonio de ellos". El enemigo no puede soportar la voz de Dios unida al poder de nuestro testimonio.

LA VOZ DE DIOS ES CREATIVA

En el relato de la creación en Génesis vemos que el instrumento creativo que Dios utilizó una y otra vez fue su voz. Dios *habló* al caos y se hizo la luz. El poder de su voz creó los cielos y la tierra, y la abundancia de criaturas llenó la tierra y los mares.

La voz de Dios es tan poderosa que puede dividir la sustancia. Por el poder de su voz, la sustancia puede adoptar una forma distinta. Dios hizo la tierra con su voz creativa, y de esa tierra formó seres humanos. Nuestro ser mismo es, por tanto, un producto de su voz creativa.

JESÚS HABLA

Jesús era Dios hombre que vino a la tierra a redimir a la raza humana y a presentarnos el carácter pleno de Dios. Parte de ese carácter era el poder de su voz. Cuando Jesús hablaba, sucedían cosas. Su ministerio público comenzó en Juan 2 cuando Él y su madre asistieron a una boda. Cuando la fiesta nupcial se quedó sin vino, la madre de Jesús les dijo a los sirvientes: "Haced todo lo que os dijere" (v. 5). Fue la voz creativa de Jesús (la voz creativa de Dios por medio de Jesús como Dios y hombre) la que transformó el agua en vino.

Siempre que Jesús hablaba, lo hacía con gran autoridad. Cuando resucitó a Lázaro de la muerte, Jesús *habló* a la tumba y al sudario de muerte que rodeaba a Lázaro y los ordenó que soltaran a Lázaro y le dejaran libre. Al mandato de Jesús, comenzó a fluir vida de nuevo por medio de Lázaro (ver Juan 11:43). Su voz era tan poderosa que hasta la muerte y la descomposición fueron vencidas y destruidas.

EL ESPÍRITU SANTO NOS HABLA *A* NOSOTROS Y *POR MEDIO DE* NOSOTROS

El Espíritu Santo fue liberado para operar en una mayor medida en el capítulo de transición de Juan 20. Jesús ya había sido crucificado, había muerto y había sido resucitado de la muerte, pero aún no había ascendido al cielo. Jesús sabía que tenía que equipar a sus discípulos con poder para que llevaran a cabo su tarea en la tierra, porque Él los iba a dejar para ir a estar con el Padre. En Juan 20:22 leemos: "Y habiendo dicho esto, sopló, y les dijo: Recibid el Espíritu Santo".

Cuando el Espíritu Santo les fue dado, Él comenzó a hablarles *a* ellos y *por medio de* ellos de manera continua. El Espíritu Santo les habló muchas veces *a* ellos, incluyendo cuando le dio instrucciones a Pedro de ir a casa de Cornelio (ver Hechos 10). Pero la profecía nació de un modo totalmente nuevo a medida que el Espíritu Santo comenzó a hablar *por medio de* ellos regularmente. En el libro de Hechos, el relato de Esteban dice: "Pero no podían resistir a la sabiduría y al Espíritu con que hablaba" (Hechos 6:10). Aquí el Espíritu Santo habló *por medio de* Esteban.

LA PALABRA HABLA

Además de que cada miembro de la Trinidad tenga voz, Dios también nos ha proporcionado su Palabra escrita para que hable a nuestras vidas. Dios le dijo a Josué:

Solamente esfuérzate y sé muy valiente, para cuidar de hacer conforme a toda la ley que mi siervo Moisés te mandó; no te apartes de ella ni a diestra ni a siniestra, para que seas prosperado en todas las cosas que emprendas. Nunca se apartará de tu boca este libro de la ley, sino que de día y de noche meditarás en él, para que guardes y hagas conforme a todo lo que en él está escrito; porque entonces harás prosperar tu camino, y todo te saldrá bien (Josué 1:7-8).

En el Nuevo Testamento encontramos en Juan 1:14: "Y aquel Verbo fue hecho carne, y habitó entre nosotros (y vimos su gloria, gloria como del unigénito del Padre), lleno de gracia y de verdad". Este pasaje describe la relación única y amorosa del Hijo con el Padre, y cómo entendemos esa relación mediante la Palabra. Al meditar en la Palabra, reflexionamos, pensamos, contemplamos y repetimos la voluntad de Dios para nuestras vidas. Quitamos todas las distracciones; Dios y nosotros son los únicos que se relacionan. Su Palabra se convierte en una luz para nuestro camino; a medida que ordenamos nuestras oraciones y nuestra comunión, su Palabra ordena nuestros pies. Sus verdades y principios nos guían. Al conocer la Palabra de Dios le conocemos a Él y podemos reconocer su voz y su modo de operar en la tierra. La Palabra es la huella del cielo y la huella de la vida. "Si oyereis hoy su voz, no endurezcáis vuestros corazones, como en la provocación" (Hebreos 3:15).

LA VOZ DE DIOS EN NUESTRAS VIDAS

Cada miembro de la Trinidad opera de modo poderoso por medio del habla. La voz de Dios tiene gran autoridad y sigue siendo creativa en la actualidad, aun en las situaciones que suceden en nuestras vidas. Siempre que nuestras vidas están llenas de caos, como los cielos y la tierra lo estuvieron una vez, la voz de Dios puede entrar en nuestras situaciones y poner orden, dividiendo la luz de la oscuridad.

Además, Dios nos habla con más frecuencia de la que podemos notar. Considere el hecho de que en toda la Biblia, tanto en el Antiguo como en el Nuevo Testamento, Dios habló a su pueblo frecuentemente. Él habló a los reyes, a los jueces, a los profetas, a los pastores y a los discípulos. Habló a quienes estaban en posiciones de poder y a quienes no poseían un estatus social. Habló a los justos y a los pecadores. Desde Génesis hasta Apocalipsis, Dios habló a todo tipo de personas.

No hay absolutamente ningún pasaje en la Biblia que sugiera siquiera que Dios dejó de hablar cuando se escribió la última palabra de la Biblia. A lo largo de las épocas, Dios ha seguido hablando a su pueblo. Si usted ha aceptado a Cristo como su Salvador y Señor, ¡eso le incluye a usted! Él habla dirección, consuelo, perspectiva, corrección, exhortación, promesas y cosas similares a su pueblo en la actualidad. "El que tiene oído, oiga lo que el Espíritu dice a las iglesias" (Apocalipsis 2:7).

Hoy día, porque la sangre de Jesús nos ha redimido, el Espíritu Santo nos está guardando en el corazón del Padre; pero una vez más, el Espíritu Santo no solamente nos habla *a* nosotros, sino que también habla *por medio de* nosotros. Cuando Dios nos formó con su voz creativa, nos hizo a su imagen, conforme a su semejanza, y nos dio dominio sobre toda la tierra (ver Génesis 1:26). Debido a que fuimos creados a su imagen y hemos sido redimidos por Cristo, tenemos la capacidad, por medio del poder del Espíritu Santo, de *ser la voz de Dios en la tierra*. El Espíritu Santo *a través de* nosotros nos habla los unos a los otros y a un mundo perdido y moribundo. Eso es lo que significa ser embajador de Cristo, y de eso se trata la profecía.

Nota

1. Para un relato más completo de esta historia, ver el libro de Chuck D. Pierce y Rebecca Wagner Sytsema, *Possessing Your Inheritance* [Cómo poseer su herencia] (Ventura, CA: Renew Books, 1999).

CAPÍTULO 2

HABLAR LAS PALABRAS DE DIOS:

LA PROFECÍA EN EL MUNDO ACTUAL

Y en los postreros días, dice Dios, derramaré de mi Espíritu sobre toda carne, y vuestros hijos y vuestras hijas profetizarán; vuestros jóvenes verán visiones, y vuestros ancianos soñarán sueños.

HECHOS 2:17

¿ES LA PROFECÍA PARA LA ACTUALIDAD?

La mayoría de los cristianos en los Estados Unidos crecieron en iglesias que no aceptaban la idea de que Dios nos habla en la actualidad. Se nos enseñó el cesacionismo, lo cual significa que los dones de sanidad, de lenguas, de interpretación de lenguas, de milagros, y otros similares dejaron todos ellos de funcionar en el primer siglo. Uno de los dones que supuestamente dejó de funcionar fue el de profecía. Lo que eso significa básicamente es que Dios dijo todo lo que tenía que decir llegados al año 95 d. C. y ha estado en silencio desde entonces.

Quienes mantienen esta línea de pensamiento creen que la profecía se terminó cuando las Escrituras fueron completadas. Basan su creencia en 1 Corintios 13:8-9, que dice que la profecía, las lenguas y el conocimiento pasarán. Sin embargo, en el capítulo siguiente de 1 Corintios, Pablo nos alienta a desear la profecía (ver 14:1). Él no dijo que esos dones serían sustituidos por cualquier otro o que terminarían antes de la segunda venida de Cristo.

De hecho, en Efesios 4 Pablo escribe:

> Y él mismo constituyó a unos, apóstoles; a otros, profetas; a otros, evangelistas; a otros, pastores y maestros, a fin de perfeccionar a los santos para la obra del ministerio, para la edificación del cuerpo de Cristo, *hasta que todos lleguemos a la unidad de la fe y del conocimiento del Hijo de Dios, a un varón perfecto, a la medida de la estatura de la plenitud de Cristo* (vv. 11-13, énfasis añadido).

En este pasaje vemos que esos dones han sido dados *hasta que* lleguemos a la unidad y alcancemos la estatura de la plenitud de Cristo. En ningún momento en la historia de la Iglesia hemos logrado esas cosas. Por tanto, basado en las propias palabras de Pablo, esos dones, los cuales incluyen el de profecía, siguen en operación actualmente.

¿CÓMO PODEMOS CONOCER LA VOLUNTAD DE DIOS?

La Biblia deja muy claro que Dios tiene un propósito y un plan para nuestras vidas. Cualquier erudito bíblico estará de acuerdo en que este no finalizó en el primer siglo; pero si tenemos un Dios que no nos habla, será difícil discernir cuál es ese plan. Muchos de nosotros hemos leído libros o hemos oído mensajes sobre cómo conocer la voluntad de Dios, los cuales están llenos de buenos principios a seguir. Sin embargo, sigue siendo cierto que la Biblia solamente da un principio real a seguir a la hora de tratar determinar la voluntad de Dios para nuestras vidas. En la Biblia, cuando alguien quería conocer la voluntad de Dios, le preguntaba a Él, ¡y Él se la decía!

Nuestro Dios constantemente derrama nueva revelación y continuamente habla a su pueblo.

Dios *sí* que habla a su pueblo. Pero si estamos tan atrincherados en una mentalidad que dice que Dios *no* habla hoy, bien podríamos también descartarla como imaginaciones nuestras. Lo cierto es que lo profético no es un extra opcional en la vida cristiana o en la Iglesia. Amós 3:7 llega al extremo de decir: "Porque no hará nada Jehová el Señor, sin que revele su secreto a sus siervos los profetas".

A lo largo de la Biblia, Dios se comunicó con su pueblo. En 1 Corintios 12, Pablo recordó a los gentiles que anteriormente ellos adoraban a ídolos mudos. ¡Qué necedad adorar algo que no puede comunicarse! Nuestro Dios, sin embargo, no es como los ídolos mudos. Nuestro Dios constantemente derrama nueva revelación y continuamente habla a su pueblo. Él es un Dios que nos ama lo bastante para querer entrar en comunicación con nosotros.

¿QUÉ ES LA PROFECÍA?

La definición de profecía es sencilla. Profecía es hablar la mente y el corazón de Dios tal como los revela el Espíritu Santo. Profecía es el derramamiento del corazón y de la naturaleza misma de Dios. Apocalipsis 19:10 dice que el testimonio de Jesús es el espíritu de profecía. Jesús se preocupa por su Iglesia y, por tanto, tiene cosas que Él quiere comunicar a su Iglesia. Esas comunicaciones vienen por medio del Espíritu Santo. Eso es profecía. Es lo que Jesús le está diciendo a su Iglesia.

El testimonio de Jesús, el cual es profecía, no es simplemente una promesa colectiva. Jesús dice que sus ovejas conocen su voz (ver Juan 10:4). Si es usted una de sus ovejas, tiene la capacidad y el privilegio de oír la voz de su Pastor que viene por medio del Espíritu Santo.

CÓMO ENTENDER A LOS PROFETAS

Varias palabras hebreas y griegas pueden traducirse como "profeta" a lo largo de la Biblia. Para entender cómo funciona la profecía en la actualidad, es útil conocer los diferentes tipos de profetas y de profecía enseñada en la Palabra de Dios. Veamos algunos de los diferentes nombres que la Biblia usa para describir a los profetas y sus funciones:

1. *Nabi*. Esta es la palabra hebrea general para "profeta". Está ligada a la palabra "revelar", y significa alguien que proclama, anuncia, declara o pronuncia comunicaciones, o que es un portavoz o heraldo. Esta palabra también implica un mensaje sobrenatural que burbujea o brota. *Nabi* es la palabra utilizada en 1 Samuel 3:20: "Y todo Israel, desde Dan hasta Beerseba, conoció que Samuel era fiel profeta de Jehová". Puede ser o masculina o femenina, y puede referirse bien a un profeta de Dios o bien a un falso profeta que expresa mensajes contrarios al carácter o voluntad de Dios.

En Juan 7:38 Jesús dijo: "El que cree en mí, como dice la Escritura, de su interior correrán ríos de agua viva". Parafraseando la frase, significaría: "de su seno puede fluir un río de revelación". Proverbios 29:18 dice: "Sin profecía el pueblo se desenfrena; mas el que guarda la ley es bienaventurado". Por tanto, es muy importante que nuestro río continúe fluyendo o que estemos en la presencia de otros que tengan un río que fluye a fin de que la revelación no se detenga y perdamos de vista nuestra dirección.

2. Roeh. Esta palabra hebrea significa "vidente". Esos profetas ven las circunstancias y obtienen revelación sobre cómo sobrepasarlas. Un ejemplo se encuentra en 1 Samuel 9:9: "Venid y vamos al vidente". Quizá el más malentendido de los tipos proféticos, los videntes son quienes tienen visiones o impresiones visuales. Estos tipos de profetas pueden mirar algo y recibir un mensaje sobrenatural por medio de esa imagen. Dios les preguntó a muchos de los profetas en la Escritura: "¿Qué ves?". El Señor con frecuencia ha usado este método para comunicarse conmigo.

3. Chozeh. Esta palabra hebrea puede traducirse como un vidente que es similar a un vigilante. Según el diccionario *New Bible Dictionary*, *chozeh* se mencionaba con más frecuencia en asociación con el servicio al rey reinante.[1]

4. Shamar. Esta es otra palabra hebrea traducida como "vigilante". En su libro *Watchman Prayer* [La oración del vigilante], Dutch Sheets escribe: "Las tres principales palabras hebreas en el Antiguo Testamento para vigilante son *natsar, shamar* y *tsaphah*. Esas palabras tienen una connotación tanto defensiva como protectora, y una aplicación ofensiva o agresiva, siendo más prominente el aspecto defensivo en las Escrituras. Combinando las definiciones de estas tres palabras, las cuales se usan casi como sinónimas, su concepto defensivo esencialmente significa *guardar* o *proteger por medio de la vigilancia o el encubrimiento*. Aunque se aplicaban a muchos temas—cosechas, personas, ciudades, etc.—, el concepto es normalmente *preservación*".[2]

Esos profetas vigilaban la Palabra de Dios y tenían una sabiduría tremenda para caminar en la vida. Los siguientes son algunos ejemplos de vigilantes: "Puse también sobre vosotros atalayas, que dijesen: Escuchad al sonido de la trompeta"

(Jeremías 6:17); "Hijo de hombre, yo te he puesto por atalaya a la casa de Israel; oirás, pues, tú la palabra de mi boca, y los amonestarás de mi parte" (Ezequiel 3:17). Un vigilante o atalaya ve lo que se acerca y lo vincula a la promesa de Dios, intercediendo hasta que sea logrado. En 1 Reyes 18, Elías dio la palabra del Señor a Acab, la cual era que no llovería durante tres años y medio. Al final de ese periodo, Elías intercedió hasta que "vio" la nube que representaba el cambio de periodo de Dios. Elías actuó como un vigilante que profetizó la voluntad de Dios y después intercedió para ver su cumplimiento.

5. *Nataph*. Esta palabra hebrea significa predicar, caer como rocío del cielo, o hablar por inspiración (divina). Este tipo de profecía generalmente se hace desde un púlpito o en un lugar público, o es una palabra profética dada en forma de exhortación. La palabra "*nataph*" se usa en Ezequiel 21:2; Amós 7:16 y Miqueas 2:6. Esta palabra connota rebosar o gotear gradualmente como un chorrito de un grifo. En Joel 3:18, el profeta predijo que llegaría un tiempo en que "los montes destilarán mosto". Eso también se predice en Amós 9:13 con respecto a la restauración del Tabernáculo de David. A medida que nos acerquemos a la restauración del Tabernáculo de David, comenzaremos a ver los cielos abiertos cada vez más y al pueblo de Dios viviendo en revelación. Finalmente, no oiremos mensajes "a medida" desde el púlpito, sino que cuando nos reunamos corporativamente, oiremos un sonido claramente revelador traído desde el cielo hasta la esfera terrenal. Esto hará que desarrollemos un caminar en el Espíritu que la Iglesia no ha conocido en las pasadas generaciones.

6. *Prophetes*. Esta palabra griega significa uno que habla por otro, en especial uno que habla por Dios. Estos son profetas que "anuncian", lo cual significa que proclaman un mensaje vivo de Dios para el momento. En este contexto, el profeta utiliza dones de interpretación para anunciar la voluntad y el consejo de Dios. Esta palabra también significa uno que puede "prever" o dar perspectivas sobre eventos futuros. En este contexto, el profeta utiliza dones de predicción. Este es el tipo de

profeta que se menciona en Mateo 2:5, quien había escrito que el Salvador vendría de la ciudad de Belén.

La clave de la profecía: ¡el Espíritu Santo!

El Espíritu Santo es nuestra clave para oír a Dios. A lo largo de la Biblia, tanto en el Antiguo como en el Nuevo Testamento, siempre que descendía el Espíritu Santo, fluía la profecía. Los siguientes son unos cuantos ejemplos:

> Entonces el Espíritu de Jehová vendrá sobre ti con poder, y profetizarás con ellos (1 Samuel 10:6).

> Y vino el Espíritu de Dios sobre los mensajeros de Saúl, y ellos también profetizaron (1 Samuel 19:20).

> Y cuando posó sobre ellos el espíritu, profetizaron, y no cesaron (Números 11:25).

> Y habiéndoles impuesto Pablo las manos, vino sobre ellos el Espíritu Santo; y hablaban en lenguas, y profetizaban (Hechos 19:6).

¡El ministerio del Espíritu Santo mediante la profecía no terminó en el primer siglo! En muchos relatos de avivamiento a lo largo de la historia de la Iglesia, cuando el Espíritu Santo llegaba con poder se liberaba la profecía. De hecho, una de las señales de la presencia del Espíritu es la profecía. Mediante el Espíritu Santo, Dios actúa, revela su voluntad, capacita a individuos y revela su presencia personal. La profecía es un elemento clave de este proceso.

¿Por qué es importante la profecía?

La profecía es importante porque Dios nos dice que lo es. Es así de sencillo. Las siguientes son tres razones bíblicas para ayudarnos a entender el corazón de Dios en cuanto a este importante don.

1. Debemos buscar profetizar. "Seguid el amor; y procurad los dones espirituales, pero sobre todo que profeticéis" (1 Corintios 14:1). El versículo 39 (en la versión inglesa *King James Version*) dice que debemos "codiciar la profecía". ¿Sabía usted que la profecía es lo único en toda la Biblia que debemos codiciar? ¿Y qué sucede cuando codiciamos algo? Pensamos en ello todo el tiempo; lo deseamos; pensamos en lo que podríamos hacer para obtenerlo. Así es como debemos buscar la profecía.

Apocalipsis 2 y 3 declara las palabras de Jesús a muchas iglesias diferentes. Jesús da distintas reprensiones, distintas promesas y distintos mensajes a cada una de las siete iglesias enumeradas en esos pasajes. Sin embargo, lo único que no difiere de iglesia a iglesia es el mandato de Jesús: "El que tiene oído, oiga lo que el Espíritu dice a las iglesias" (Apocalipsis 2:7). Debemos oír lo que el Espíritu está diciendo. Debemos procurar la profecía.

2. Dios nos advierte que no rechacemos la profecía. "No menospreciéis las profecías. Examinadlo todo; retened lo bueno" (1 Tesalonicenses 5:20-21). Cuando Pablo escribió a los tesalonicenses, ellos acababan de comenzar en el camino y aún eran jóvenes en el Señor. Cuando algo está en las primeras etapas, a menudo hay una falta de madurez y una falta de entendimiento, lo cual puede abrir la puerta a lo extraño. Cuando surge lo extraño, existe la tendencia a decir que algo (en este caso, la profecía) es más problemático que valioso. Pero Pablo dijo que no la acalláramos. No apague al Espíritu. Permita que suceda, pruebe todas las cosas y quédese con lo bueno. La Biblia también nos dice que no menospreciemos las lenguas (ver 1 Corintios 14:39). La relación existente entre la profecía y las lenguas con frecuencia se malentiende. Dicho con palabras sencillas, cuando una lengua es interpretada, se convierte en profecía.

3. La profecía libera la vida y el poder de Dios. Como vimos en el capítulo 1, la palabra de Dios tiene poder creativo.

Cuando Ezequiel vio los huesos secos y muertos, el Señor le dijo que les profetizara:

> Profeticé, pues, como me fue mandado; y hubo un ruido mientras yo profetizaba, y he aquí un temblor; y los huesos se juntaron cada hueso con su hueso. Y miré, y he aquí tendones sobre ellos, y la carne subió, y la piel cubrió por encima de ellos; pero no había en ellos espíritu. Y me dijo: Profetiza al espíritu, profetiza, hijo de hombre, y di al espíritu: Así ha dicho Jehová el Señor: Espíritu, ven de los cuatro vientos, y sopla sobre estos muertos, y vivirán. Y profeticé como me había mandado, y entró espíritu en ellos, y vivieron, y estuvieron sobre sus pies; un ejército grande en extremo (37:7-10).

Cuando la palabra profética de Dios es pronunciada, no solamente le ilumina o le da información: libera vida y poder. ¡La profecía cambia las situaciones!

ENTENDER EL DON DE PROFECÍA

El Espíritu Santo nos equipa para llevar a cabo los propósitos de Dios en la tierra. De esto se trata 1 Corintios 12-14. Con demasiada frecuencia estos capítulos se separan el uno del otro en la enseñanza que recibimos, pero el hecho es que fueron escritos juntos y fluyen juntos para ayudar a darnos un entendimiento de los dones espirituales y del modo en que esos dones deben operar en el Cuerpo de Cristo. Veamos este pasaje como un todo, a la luz del don de profecía.

El Cuerpo de Cristo funciona justamente de esa manera: es un cuerpo, y cada parte tiene una función y un propósito que ayuda al todo para que funcione correctamente (ver 1 Corintios 12:12-26). Sin embargo, hay ciertos dones que deben desearse en el Cuerpo, y uno de ellos es la profecía (ver vv. 28-31). Desde ese punto, Pablo de inmediato pasa a un discurso sobre las evidencias y la importancia del amor, y llega hasta el punto de decir: "Y si tuviese profecía... y no tengo amor, nada soy" (1 Corintios 13:2).

Pablo continúa diciendo: "Seguid el amor; y procurad los dones espirituales, pero sobre todo que profeticéis" (1 Corintios 14:1). La profecía piadosa no puede separarse del amor. De hecho, la verdadera profecía fluye de un corazón de amor, aun si la palabra es de corrección. La base para entender el don de profecía es, por tanto, entender los asuntos de amor.

CINCO FUNCIONES DINÁMICAS
DE LA PROFECÍA

Habiendo establecido un entendimiento básico de la profecía, veamos ahora las varias funciones de la profecía, basados en 1 Corintios 14. La siguiente es una lista de cinco diferentes propósitos para la profecía y lo que deben lograr.

1. Consuelo. Consolar significa suavizar, asegurar, dar ánimo, llevar un sentimiento de alivio del dolor o la ansiedad, aliviar el dolor o la angustia de alguien y dar fuerza y esperanza por medio de la bondad y la atención detallada.

> [Dios es] Padre de misericordias y Dios de toda consolación, el cual nos consuela en todas nuestras tribulaciones, para que podamos también nosotros consolar a los que están en cualquier tribulación, por medio de la consolación con que nosotros somos consolados por Dios. Porque de la manera que abundan en nosotros las aflicciones de Cristo, así abunda también por el mismo Cristo nuestra consolación (2 Corintios 1:3-5).

Dios anhela consolar a sus hijos que sufren; anhela hablarles de una manera que produzca fortaleza y esperanza. Esta es una de las funciones básicas de la profecía que todos los creyentes deberían tanto recibir como dar a otros. Una palabra profética de consuelo, pronunciada en el momento oportuno, puede romperle la espalda al desánimo, a la desesperanza y a la angustia.

2. Edificación. Edificar significa instruir, beneficiar, levantar, iluminar o construir. El capítulo 14 de 1 Corintios está lleno de relaciones entre la profecía y la edificación, o la construcción de un carácter cristiano. Una palabra profética, por tanto, puede contener elementos de enseñanza, o puede traer nueva revelación a nuestras mentes y espíritus. La palabra puede que traiga instrucción concreta o un sentimiento de fortalecimiento de un lugar en nuestras vidas que haya estado desolado o en ruinas. Todos esos tipos de edificación pueden recibirse de una palabra profética. El pasaje de 1 Corintios 8:1 dice: "el amor edifica". Debido a que el amor es la base para la profecía, todas las verdaderas profecías, por tanto, tienen un elemento de edificación.

3. Exhortación. Exhortar es instar, aconsejar, avisar, reprender, recomendar o advertir. Una palabra profética que exhorta puede, por tanto, o bien edificar o bien derribar. La exhortación puede que sea difícil de recibir; puede que no sea la palabra de consuelo que habíamos esperado. Aun así, las palabras de exhortación son vitales en cuanto a que proclaman el propósito final de Dios. Incluso una palabra difícil de exhortación que sea dicha en el espíritu correcto puede dejarnos con un sentimiento de alivio y libertad. La profecía no debería dejarnos con un sentimiento de confusión o de condenación, sino más bien con un sentimiento de dirección y una vía de escape de la atadura.

4. Redención. Una de las funciones más básicas y más hermosas de la profecía es ver la redención en funcionamiento en las vidas. El corazón de Dios, revelado en la Biblia, es redimirnos del poder del pecado y de la muerte. Ya que la profecía es proclamar la mente de Dios bajo la inspiración del Espíritu Santo, la conclusión lógica es que la profecía debería ser redentora.

Hace varios años, un joven llamado Jon recibió una palabra así de mi buena amiga Cindy Jacobs. Jon era un buen esposo y padre, que era responsable y proveía para su familia. Asistía a la iglesia cada domingo y hacía todo lo que podía por seguir a Dios. Sin embargo, Jon era un alcohólico no declarado. Era un alcohólico funcional, lo cual significa que aun cuando estaba bebido, pocas personas lo sabían. Debido a que era capaz de manejar bien el licor, podía mantener en secreto el hecho de que apenas podía arreglárselas un día entero sin beber. Además, era adicto a mascar tabaco. Sin embargo, él sabía que esas cosas estaban mal y había buscado a Dios para obtener sanidad.

Durante aquel momento de su vida, asistió a un retiro de fin de semana en el que Cindy enseñaba. Una noche, Jon estaba sentado tranquilamente en la parte de atrás mientras Cindy comenzó a dar palabras personales de profecía. Él sintió que Dios no tendría nada que decirle pero, para sorpresa suya, Cindy le señaló y le llamó a pasar adelante. A medida que caminaba hacia Cindy, Jon tuvo la seguridad de que se encontraba en problemas: como si Dios fuera a reprenderlo públicamente. Pero cuando Cindy comenzó a dar la profecía, ¡él apenas podía creer las palabras que oía! Ella habló de que el Señor le había dado a Jon el corazón de un pastor y de cómo Él iba a usar a Jon en el futuro ¡para ver suceder cosas poderosas para el reino de Dios!

Jon quedó perplejo. No había palabras de amonestación. Su vida secreta no fue descubierta. Cindy le había profetizado acerca de su destino en lugar de hacerlo sobre sus adicciones. Las palabras fueron tan poderosas que Jon fue liberado por completo esa misma noche del alcoholismo y la adicción al tabaco. Hoy día, Jon es un anciano en su iglesia, líder de un grupo celular, líder de un eficaz ministerio de liberación, y miembro activo en cuanto a la implementación de estrategias para tomar la ciudad donde él vive. Jon le dirá que el punto crucial en su vida fue la noche en que Dios le mostró su propósito redentor en lugar de condenarlo por sus defectos. ¡Eso es profecía redentora en acción!

5. Dirección. Como vemos a lo largo de la Biblia, los profetas llevan dirección al pueblo de Dios. Hace muchos años que conozco a la que es coautora de este libro, Rebecca Wagner Sytsema. A principios de los años noventa, los dos servíamos como personal de Cindy Jacobs en Generales de Intercesión. Durante aquel tiempo, Rebecca pasó por un periodo de dos años de sanidad intensiva en su vida en muchos aspectos. Yo sabía que el proceso de sanidad la había llevado a un lugar en el que ella estaba preparada para el matrimonio. A principios de 1994, nos preparábamos para asistir a una conferencia en California. Un día la miré y le dije: "Necesitas estar en esa conferencia. ¡Dios tiene a tu esposo esperando allí!". Mis palabras confirmaron un sentimiento que ella llevaba teniendo alrededor de una semana, pero no había hecho ninguna reserva en el hotel. Yo inmediatamente agarré el teléfono y llamé al hotel donde nos quedaríamos todos los demás, y me dijeron que no quedaban habitaciones libres. Yo simplemente le dije a la recepcionista que, en primer lugar, el padre de Rebecca, Peter Wagner, estaba a cargo de la conferencia y que, en segundo lugar, su esposo la estaría esperando allí. La mujer que estaba al teléfono volvió a revisar las habitaciones y descubrió que quedaba una libre. Fue en aquella conferencia donde Rebecca conoció a Jack Sytsema, la pareja perfecta de Dios para ella. Dos años después, tuve el privilegio de oficiar su boda. Este es un caso en el que Dios dio una clara palabra de dirección y después abrió un camino para que su voluntad profetizada se cumpliera.

EL PROCESO DE LA PROFECÍA

Además de las funciones de la profecía, es importante entender el proceso de la profecía; es decir, cómo funciona en nuestras vidas de modo continuo. Estos son tres importantes elementos del proceso de la profecía en nuestras vidas.

1. La profecía es progresiva. "Porque en parte conocemos, y en parte profetizamos" (1 Corintios 13:9). Ninguna palabra personal o colectiva de profecía es completa en sí misma y por sí misma. En su excelente libro, *Developing Your Prophetic Gifting* [Cómo desarrollar sus dones proféticos], Graham Cooke dice:

> Dios solamente revela lo que necesitamos saber a fin de hacer su voluntad en ese momento y lugar en particular. Las cosas que no desea que sepamos las

mantiene en secreto de aquel que profetiza. Eliseo dijo: "Jehová me ha encubierto el motivo" (2 Reyes 4:27). En otras palabras: "No lo sé".[3]

Puede que Dios nos dé un poquito acá y un poquito allá. En retrospectiva, podemos preguntarnos por qué Dios no nos dijo esto o aquello, o por qué sí que nos dijo algún detalle aparentemente sin importancia. Dios siempre sabe lo que hace cuando nos revela su corazón por medio de la profecía, y eso es algo en que debemos simplemente confiar. Debemos tener en mente, sin embargo, que no sabemos todo lo que podremos afrontar o cómo pueden cumplirse las profecías. La profecía puede señalar un camino, pero debemos seguir al Señor cada día y confiar en Él a medida que avanzamos.

2. La profecía evoluciona. A medida que sigamos al Señor en obediencia, Él nos dará nuestra siguiente pieza. No nos dirá lo que quiere que hagamos tres pasos más adelante en el camino; nos da paso a paso. Tal fue el caso con Abraham. Dios le dio pedazos aquí y allá, y cada vez que Abraham obedecía, Dios le volvía a hablar hasta que lo llevó a la plenitud de lo que Él quería que hiciera. Dios confirmó, extendió y dio nuevas perspectivas a Abraham hasta llegar a su siguiente lugar.

Ese es el camino de la profecía. Cada palabra profética es incompleta; sin embargo, a medida que obedecemos a Dios con fidelidad, recibimos nuevas piezas del puzzle. Las profecías se edifican sobre anteriores profecías para dar confirmación y un nuevo entendimiento.

3. La profecía es provisional. La clave del proceso de la profecía es la obediencia. Dios no usurpará nuestras voluntades y nos obligará a seguir su voluntad. María, por ejemplo, podría haber dicho no a la pronunciación profética de que se quedaría embarazada. En cambio, respondió diciendo: "He aquí la sierva del Señor; hágase conmigo conforme a tu palabra" (Lucas 1:38). Si ella hubiera dicho no, ¡el Espíritu Santo nunca la habría obligado a quedarse embarazada! Aunque ella no entendía por completo cómo sucedería aquello, y probablemente ni siquiera comprendiera la magnitud de aquello para lo cual había sido escogida, a pesar de eso ella sabía que mediante la palabra profética Dios le había revelado su destino para su vida. Mediante su decisión de obediencia, la palabra se cumplió y la raza humana ha sido bendecida desde entonces.

EL VALOR DE LA PROFECÍA

La profecía es un don tremendo que Dios ha dado a su Iglesia. Está llena de inmensos beneficios tanto individuales como colectivos. La siguiente es una lista de algunos de los valores de recibir este don en nuestras vidas y nuestras iglesias.

1. La profecía trae sanidad. Proverbios 25:11 dice: "Manzana de oro con figuras de plata es la palabra dicha como conviene". Aceptar el consuelo y la edificación disponibles por medio de la profecía puede sanar un corazón roto. Como escribe Graham Cooke:

> Las heridas, los rechazos y el trauma emocional son una parte de nuestras vidas, tanto antes como después de la salvación. La buena noticia es que servimos a un Dios que está comprometido con nuestra sanidad en cada nivel (físico, mental y emocional). La meta de Dios es la sanidad de la vida y la plenitud del Espíritu. La profecía es una parte maravillosa de ese proceso de sanidad y de renovación. La profecía nos pone, por comunicación verbal directa, en contacto con la perspectiva real de Dios sobre nuestras vidas y nuestras situaciones actuales.[4]

2. La profecía profundiza nuestra relación con Dios. Cuando pensamos en cómo el Dios de toda la creación se preocupa lo suficiente para enviar un mensaje personal desde su corazón, sin importar cuál sea la función de la profecía, nos hace detenernos y pensar en cuál debe de ser nuestro valor individual para Él. Recibir su palabra nos produce una nueva apreciación del profundo amor de Dios y su cuidado por nosotros; nos recuerda nuestra posición ante Él. Como en cualquier relación, la comunicación es clave para alcanzar niveles más profundos. Cuando Dios se comunica con nosotros, y nosotros le respondemos a Él, nuestra relación se hace más profunda y más significativa.

3. La profecía proporciona dirección y visión renovadas. Cuando recibimos la palabra de Dios, con frecuencia obtenemos un entendimiento más claro del lugar donde Él nos está guiando. Saber dónde nos dirigimos nos hace enfocarnos más en los planes y las metas que Dios tiene para nosotros. Un nuevo entusiasmo y una nueva visión son a menudo los resultados directos de la palabra profética que nos da dirección.

4. La profecía proporciona perspectiva bíblica. Como veremos en el siguiente capítulo, la profecía debe estar en línea con la Palabra escrita de Dios. Siendo ese el caso, la revelación que llega mediante la profecía con frecuencia abre nuevas perspectivas y nos inspira un entendimiento más profundo de los misterios en la Biblia. Pablo dice que podemos obtener "conocimiento en el misterio de Cristo, misterio que en otras generaciones no se dio a conocer a los hijos de los hombres, como ahora es revelado a sus santos apóstoles y profetas por el Espíritu" (Efesios 3:4-5). La profecía a menudo sirve como catalizador para entender verdades bíblicas que no hemos visto o entendido anteriormente.

5. La profecía confirma. Dios usa diferentes maneras para comunicarse con nosotros. Puede ser mediante la lectura de la Escritura o al oír un mensaje o aconsejar a un amigo. Dios se deleita en confirmarnos su mensaje, y con frecuencia utiliza la profecía para decirnos algo que puede que hayamos oído de alguna otra forma.

6. La profecía advierte. Dios no quiere que seamos atrapados por nuestro propio pecado o por las artimañas del diablo. La profecía, dicha en amor, a menudo nos advierte de que nuestro propio pecado dará como resultado calamidad y desesperación más adelante si no nos arrepentimos y nos volvemos a Dios. La profecía también nos advierte de las trampas que el enemigo ha puesto para nosotros. Después del nacimiento de Jesús, los sabios fueron advertidos de no regresar a Herodes (ver Mateo 2:12). Entonces María y José fueron advertidos proféticamente de que huyeran a Egipto y se quedaran allí hasta que el Señor los hablara, a fin de proteger a Jesús del plan de Herodes de matarlo (ver v. 13). Jesús advirtió a Pablo en Hechos 22:18: "Date prisa, y sal prontamente de Jerusalén; porque no recibirán tu testimonio acerca de mí". Debido a que Dios ve el destino que tiene para nosotros, a menudo utiliza la palabra profética para advertirnos de las trampas que el enemigo ha establecido para destruir los propósitos de nuestro destino.

7. La profecía trae salvación. Como mencioné en el capítulo 1, cuando yo tenía 11 años oí claramente la voz del Señor decir: "Este es tu día". Aquel fue el día de mi salvación. Toda salvación es un resultado de oír la voz del Señor en algún nivel. Graham Cooke escribe: "He visto a muchos ateos y agnósticos persuadidos por Dios mediante la profecía. Es la obra del Espíritu convencer de pecado (Juan 16:8-11). La profecía puede sacar a la luz historias del pasado que necesitan ser corregidas; puede proporcionar un plan para el arrepentimiento, la restitución y el avivamiento".[5]

8. La profecía libera nuevas prácticas en la Iglesia. No hay nada nuevo bajo el sol, pero hay diversas administraciones. La administración del siglo XIII no funcionará en el siglo XXI. Con "nuevas prácticas" no me refiero a apartarnos del Credo de los Apóstoles. Pero hay nuevos métodos de operación y de administración que Dios está revelando a la Iglesia y que nos conducirán a nuevas prácticas y nuevas estrategias que funcionarán para el siglo XXI. Vida significa movimiento; por tanto, en el momento en que dejamos de avanzar, corremos el riesgo de enfrentarnos a la muerte. Por eso una de las mayores estrategias de Satanás es hacer que nos quedemos estancados en los métodos del ayer. La profecía nos saca de los viejos métodos y nos lleva a nuevos métodos que son relevantes para la actualidad.

9. La profecía proporciona perspectiva a nuestro consejo. Cuando estoy implicado en una situación de consejería, confío en que la voz profética de Dios me proporcione el entendimiento que necesito para dar un consejo sabio. El Señor a menudo me revela cuál es el problema y cuál es la raíz, y

entonces me da una palabra profética para descubrir la estrategia que la persona necesita para avanzar en el plan de Dios
para su vida. Ha demostrado ser un método muy eficaz de consejería.

10. La profecía nos muestra cómo orar. A veces, nuestras vidas de oración pueden quedar detenidas. Sin embargo,
cuando conocemos la voluntad de Dios en cierta área, tenemos mucha leña para nuestras vidas de oración. La voluntad
de Dios se nos da a conocer por medio de lo profético, y ese
conocimiento nos da la base para la oración continua para ver
su voluntad hecha en la tierra como en el cielo.

11. La profecía libera estrategia para la guerra espiritual.
Orar por medio de una palabra profética con frecuencia con-
lleva guerra espiritual. El pasaje de 1 Timoteo 1:18 dice: "Este
mandamiento, hijo Timoteo, te encargo, para que conforme a
las profecías que se hicieron antes en cuanto a ti, milites por
ellas la buena milicia". Josué también recibió instrucción profética sobre la guerra espiritual que debía librar a fin de ver caer
los muros de Jericó (ver Josué 6:1-5). Muchas veces vemos al
enemigo, pero no esperamos la estrategia de Dios para descubrir cómo hacer guerra contra él. La profecía nos proporciona
la estrategia que necesitamos para guerrear contra el enemigo,
quien se esfuerza por evitar que el plan de Dios se manifieste
en nuestras vidas. Con frecuencia, obtenemos sabiduría para
saber cómo hacer guerra.

12. La profecía aviva la fe. La profecía puede cambiar
cosas. Cuando nuestros espíritus reciben una palabra del
Señor, sabemos que hay esperanza y una manera de comprobar
el cumplimiento de la palabra profética. ¿Recuerda cómo Jon
fue liberado del alcoholismo cuando Cindy le dio una profecía
redentora? ¡La fe de Jon para ver a Dios liberarlo y llevarlo a
su destino se catapultó aquel día! Ese es el poder de la profecía. En el capítulo siguiente hablaremos con mayor detalle de
la relación existente entre la profecía y la fe.

EZEQUIEL Y LOS CUATRO PASOS PARA EL CUMPLIMIENTO

Debemos estar en un proceso perpetuo de recibir revelación profética. Nuestras vidas y nuestros destinos están en un continuo. A medida que avanzamos en la vida, necesitamos buscar constantemente nueva dirección y revelación de Dios. No podemos limitarnos a conseguir un nivel de revelación y pensar que nos llevará hasta el final. En nuestro libro, *The Best Is Yet Ahead* [Lo mejor aún está por llegar], Rebecca y yo explicamos los cuatro niveles de profecía que vemos obrando en la vida de Ezequiel en su visión del valle de los huesos secos (ver Ezequiel 37). Si Ezequiel se hubiera detenido en cualquier punto antes de que el propósito pleno de Dios se hubiera logrado, habría fallado. Ezequiel pasó por un proceso de cuatro pasos en cada nuevo nivel de profecía. Esos cuatro pasos son los mismos que nosotros necesitamos seguir si queremos permanecer en línea con el cumplimiento profético en nuestras propias vidas.

Primer paso: Él recibió revelación profética. Ezequiel buscó a Dios y estuvo abierto para recibir instrucción profética. De hecho, él *esperaba* que Dios le hablara. ¿Con cuánta frecuencia en nuestras vidas cotidianas *esperamos* oír a Dios? ¡Dios nos habla hoy! Necesitamos aprender a escuchar la voz y la dirección de Dios en nuestras vidas a fin de recibir las instrucciones que nos harán avanzar.

Segundo paso: Él obedeció la voz del Señor. Dios le dijo a Ezequiel qué decir y qué hacer a fin de hacer que se lograra el segundo paso. Esto parece muy básico y, sin embargo, es un paso crítico que debemos entender. Ezequiel no podría haber pasado al cumplimiento completo de la profecía sin antes haber obedecido a Dios en el primero, segundo y tercer nivel. Si tiene usted dificultad para obtener nueva revelación y para oír la voz del Señor, regrese y asegúrese de haber hecho todo lo que el Señor ha requerido de usted hasta ese momento. Por ejemplo, si usted ha roto una relación con alguna persona y el Señor le revela que necesita arreglar las cosas con ella o él, no debería usted acudir al Señor buscando nueva revelación hasta que le haya obedecido en la última revelación. Si quiere usted continuar avanzando hacia el cumplimiento profético, necesita obedecer la revelación actual y arreglar las cosas con esa persona.

Tercer paso: Él observó el logro del propósito de Dios y evaluó la situación. En cada nivel de obediencia, Ezequiel vio suceder milagros a medida que se lograba la voluntad de Dios. Aun así, él sabía que todos los propósitos de Dios no se habían cumplido. Cuando profetizó a los huesos secos tal como el Señor le ordenó que hiciera, vio a los huesos juntarse. Eso en sí mismo debió de haber sido una visión grandiosa y milagrosa, pero cuando miró más de cerca, vio que aun con aquel gran milagro, no había aliento en los huesos. Cuando volvió a obedecer al Señor y profetizó, vio que vino aliento a los huesos. Un gran ejército de seres vivos sustituyó a un montón muerto de huesos secos e inútiles; y sin embargo, aún había desesperanza y enfermedad. El proceso del cumplimiento profético estuvo completo cuando Ezequiel vio al Señor romper la enfermedad y la muerte en aquel gran ejército y llevarlos a la tierra que Él había prometido. Aun cuando podamos ver grandes milagros en el camino, necesitamos ser sensibles a la dirección del Espíritu Santo en cuanto a saber si su voluntad se ha cumplido por completo.

Cuarto paso: Él escuchó la siguiente instrucción. Milagro tras milagro no detuvo a Ezequiel para buscar a Dios para saber cuál era el siguiente paso. No disfrutó de las increíbles obras de Dios de modo que eso evitara que mirase hacia delante. Desde luego, necesitamos detenernos y dar gracias a Dios por su gran poder y permitirnos ser llevados a la adoración, pero no podemos dejar que la gloria de algo que ya ha sucedido evite que avancemos hacia un nivel mayor de gloria.

Notas

1. J. D. Douglas, ed., New Bible Dictionary (Wheaton, IL: Tyndale House Publishers, 1982), n.p.
2. Dutch Sheets, *Watchman Prayer* (Ventura, CA: Gospel Light Publications, 2000), p. 29.

3. Graham Cooke, *Developing Your Prophetic Gifting* (Kent, England: Sovereign World Ltd., 1994), p. 119.
4. Ibid., pp. 30-31.
5. Ibid., pp. 39-40.

RECIBIR LA PALABRA DEL SEÑOR:

PROBAR UNA PALABRA PROFÉTICA Y RESPONDER A ELLA

Podemos recibir una palabra profética del Señor de muchas maneras diferentes: Podemos tener una impresión en nuestro espíritu; el Señor puede iluminar un pasaje de la Escritura que tenga un significado particular en nuestras vidas; o podemos tener un sueño vívido y profético. La profecía también puede llegar cuando alguien comunica sabiduría y consejo que proporciona a otros la dirección que están buscando en sus vidas. Algunas personas pueden hasta decir: "Creo que el Espíritu de Dios te dice esto". La profecía puede venir de Dios o de seres angélicos que le visiten y le den una revelación sobrenatural. Todos ellos son métodos firmes y bíblicos que Dios utiliza en diferentes momentos para hablarnos.

LA PROFECÍA TIENE LÍMITES

Debemos ser conscientes de varias cosas a medida que comencemos a movernos en el área de recibir palabras proféticas. Debemos entender que la profecía tiene límites que Dios ha establecido para nuestra propia protección. Por ejemplo, en un ámbito colectivo, Pablo da la siguiente pauta: "Asimismo, los profetas hablen dos o tres, y los demás juzguen" (1 Corintios 14:29).

Otro límite se establece en 1 Tesalonicenses 5:19-21: "No apaguéis al Espíritu. No menospreciéis las profecías. Examinadlo todo; retened lo bueno". El resto de este capítulo está dedicado a aplicar pruebas a palabras proféticas a fin de que podamos retener lo bueno.

CÓMO DETERMINAR SI LA PALABRA VIENE DE DIOS

No todas las voces que oímos vienen del Espíritu Santo. Satanás tiene la capacidad de falsificar dones a fin de causar confusión y hacer que nos desviemos del camino. Su capacidad de falsificar incluye el don de profecía. Jeremías cita al Señor diciendo: "No envié yo aquellos profetas, pero ellos corrían; yo no les hablé, mas ellos profetizaban" (Jeremías 23:21).

Eso sigue sucediendo. Hay falsos profetas. Por eso, se nos advierte que probemos todas las cosas y retengamos lo bueno. Estas son algunas fuentes sucias de palabras proféticas de las que necesitamos ser conscientes.

1. El ocultismo. "Te has fatigado en tus muchos consejos. Comparezcan ahora y te defiendan los contempladores de los cielos, los que observan las estrellas, los que cuentan los meses, para pronosticar lo que vendrá sobre ti" (Isaías 47:13). Las fuentes del ocultismo incluyen videntes, cartas de tarot, tablas de ouija, astrología y horóscopos, clarividentes, médiums, percepciones extrasensoriales, brujería, adivinación, etc. ¡Estas fuentes de palabras proféticas deben evitarse por completo! Saúl, por ejemplo, obtuvo revelación al visitar a una bruja. Sin embargo, debido a que era una fuente ilegítima de revelación— no de Dios—finalmente dio como resultado la muerte de Saúl.

2. Engaños. "¿Hasta cuándo estará esto en el corazón de los profetas que profetizan mentira, y que profetizan el engaño de su corazón?" (Jeremías 23:26). No todo aquel que la dé una falsa profecía lo hace con malicia; sencillamente está confundido. A veces, esas personas caminan en su propio engaño, pensando que oyen la voz de Dios cuando no es así.

3. Deseos descontrolados. Los deseos son una función natural de la emoción humana. Los deseos están unidos a nuestros anhelos, aspiraciones, impulsos y expectativas. Si no se controlan, los deseos pueden hacer que nos rebelemos contra la voluntad de Dios en nuestras vidas. ¿Ha oído alguna vez a alguien usar la expresión "deseo ardiente"? Muchas veces, podemos anhelar tanto tener algo que escuchamos cualquier voz que esté en línea con nuestros deseos. Por tanto, la falsa profecía puede venir mediante un deseo que esté tan descontrolado que ya no podemos discernir la voz de Dios de la voz del enemigo en nuestra propia carne. La profecía puede salir de los anhelos del corazón de alguien, en lugar de salir de una palabra pura del Señor.

4. Manipulación y control. "Y tú, hijo de hombre, pon tu rostro contra las hijas de tu pueblo que profetizan de su propio corazón, y profetiza contra ellas" (Ezequiel 13:17). La profecía se ha utilizado para tratar de manipular a personas para que emprendan acciones que de otro modo no emprenderían. Por ejemplo, alguien podría querer que cierta persona se casara con otra persona. Parece algo bueno—tan bueno, de hecho, que Dios debe de quererlo también—, y por eso acuden al uno o al otro y dicen: "El Señor dice que debes casarte con _____". El verdadero origen que está detrás de esa palabra no era Dios sino un espíritu manipulador y controlador. Hablaremos de esto más extensamente más adelante en el capítulo.

5. Inmadurez. Hay verdaderos profetas que aún no han madurado en sus dones y puede que den una palabra del Señor mezclada con sus propias emociones; por tanto, la palabra es impura. Es ahí donde debe realizarse una criba y donde debemos "retener lo bueno".

6. Falsos sueños. "He aquí, dice Jehová, yo estoy contra los que profetizan sueños mentirosos" (Jeremías 23:32). El enemigo es capaz de falsificar sueños proféticos, al igual que es capaz de falsificar palabras proféticas. Debemos comprender que cuando estamos dormidos no estamos plenamente activos en nuestro espíritu. Muchas veces el enemigo utilizará ese periodo para hablarnos palabras falsas.

7. Demonios. "En los profetas de Samaria he visto desatinos; profetizaban en nombre de Baal, e hicieron errar a mi pueblo de Israel" (Jeremías 23:13). Al igual que el Señor puede enviar ángeles para profetizar, el enemigo puede enviar a uno de sus secuaces (Baal se envió en el ejemplo bíblico que damos) para dar una profecía demoníaca.

JUZGAR LA PROFECÍA

Hay muchos orígenes para lo que puede parecer como profecía de Dios. ¿Cómo sabemos si lo que se dice viene de Dios? ¿Cómo probamos la profecía? La siguiente lista ha sido compilada en parte del libro de Graham Cooke, *Developing Your*

Prophetic Gifting [Cómo desarrollar sus dones proféticos], y en parte de mi propia experiencia en cuanto a juzgar la profecía:

1. ¿Le edifica, exhorta y consuela la palabra que ha recibido? ¿Logra las funciones básicas que bosquejamos en el último capítulo? El versículo de 1 Corintios 14:3 dice que el verdadero propósito de la profecía es edificar, exhortar y consolar. Si la palabra le deja con un sentimiento de incomodidad en lugar de edificación, o si siente que algo no es correcto, no debería recibir la palabra sin realizar otras pruebas.

2. ¿Cuál es el espíritu que está detrás de la profecía? Alguien podría comenzar a hablarle una palabra, pero el espíritu que está detrás de esa palabra no parece correcto. Puede que haya en ella un espíritu de condenación. Aun si pudiera ser totalmente verdadera, si usted se siente aplastado y condenado, puede que necesite juzgarla. Recuerde que el espíritu en que toda profecía debiera darse es el amor; por tanto, aun una palabra de exhortación o de corrección debería dejarle con libertad para reedificar.

3. ¿Se conforma a la Escritura? Dios no va a decir una cosa en la Biblia y luego le dirá a usted la contraria en una palabra profética. La palabra profética del Señor *siempre* estará en línea con la Palabra de Dios inspirada y escrita, la cual se nos ha dado como guía y ejemplo. Recuerde: la Biblia no tiene límites o espacio de tiempo; por tanto, descubrirá que los principios y la iluminación de la Palabra de Dios son igual de importantes para nosotros en la actualidad de lo que fueron cuando se escribieron. En otras palabras, su ejemplo o principio escritural puede encontrarse en el Antiguo Testamento con tanta frecuencia como en el Nuevo Testamento. Pero si alguien le da una palabra y no encuentra usted principio escritural, base o ejemplo de ella en la Biblia, no debería usted aceptar la palabra.

4. ¿Muestra el carácter de Cristo? En *The Voice of God* [La voz de Dios], Cindy Jacobs dice: "Algunas veces lobos vestidos de ovejas manipulan la Escritura para sus propios propósitos. Solamente porque le citen un capítulo y un versículo no significa que una profecía sea fiel. Aun si se utiliza la Escritura, otra área a comprobar es asegurarse de que el carácter de Cristo brille mediante la palabra profética".[1] Esto, una vez más, conduce al amor; además del amor, las palabras proféticas debieran exaltar a Jesús en lugar de a una persona o ministerio. Deberían llevarnos a los pies de Él en lugar de a una organización.

5. ¿Es manipuladora o controladora? Aunque algunas palabras están llenas de verdad, pueden utilizarse por quien da la palabra para manipular o controlar a otros. El control y la manipulación se usan para ejercer poder, abuso o dominio sobre otros. Tal palabra no tiene amor, y mucho menos ninguno de los otros frutos del Espíritu, y debiera descartarse.

6. ¿Usurpa la voluntad suya? ¿Dice la palabra que debe usted hacer esto o aquello? ¿Le domina de tal manera que no puede ejercitar su libre albedrío para escoger si lo hará o no? Si es así, eso debería ser una bandera roja. Dios nos da toda la libertad, aun la libertad de pecar. Todas las palabras proféticas deberían dejarle la elección de aceptarla o rechazarla.

7. ¿Se aprovecha del rango? En otras palabras, ¿le lleva esa palabra fuera de la estructura de autoridad en la cual Dios le ha puesto? ¿Fomenta la rebelión contra la autoridad o produce sospecha o insubordinación? ¿Le saca del lugar donde Dios le tiene espiritualmente? Dios ha dado a cada uno de sus hijos una estructura de autoridad en la cual operar. Si la palabra sugiere que usted suplante la autoridad bíblica, ¡rechácela!

8. ¿Confirma lo que Dios le está diciendo a usted? Dios siempre está dispuesto a confirmarle su palabra. Cuando Dios da una palabra, Él normalmente la dará una y otra vez en muchas formas. Las palabras proféticas con frecuencia confirman lo que Dios ya le haya hablado a usted y encajan en lo que Él está haciendo en su vida.

9. ¿Da lugar a la perspectiva externa? Si alguien le da una palabra y dice que usted no debe comunicársela a ninguna otra persona, tenga cuidado, pues eso es una violación de la Escritura. El pasaje de 1 Tesalonicenses 5:21 nos dice que cualquier palabra de Dios debe evaluarse. El consejo piadoso siempre está en orden cuando usted recibe una palabra, en particular cuando esta le dice que haga algo drástico, como abandonar su trabajo o trasladarse a otra ciudad. Proverbios 11:14 nos dice que hay sabiduría en la multitud de consejeros, lo cual incluye juzgar lo profético. De hecho, una buena prueba para cualquier profecía es llevarla a un amigo maduro o figura de autoridad en su vida y pedirle que le ayude a juzgar la palabra.

10. ¿Le da una advertencia alarmante? Las advertencias son buenas, pero compruebe qué clase de advertencia es. ¿Es la advertencia tan alarmante que no tiene usted vía de salida, y le produce desesperanza? ¿O le muestra la advertencia una vía de escape? ¿Hay redención? Cindy Jacobs relata la historia de una advertencia así que yo profeticé sobre Houston, Texas, el 21 de septiembre de 1994:

> *Yo diría que las próximas 24 horas son críticas.* Aunque el enemigo haya estado contra ustedes como ciudad, yo les he llevado a una encrucijada y ustedes están a punto de hacer una transición y dar un paso. Mis ojos están sobre esta ciudad y sobre el remanente de esta ciudad, y yo venceré las estructuras que están establecidas contra mi Espíritu en esta ciudad. La revelación que ha sido retenida va a comenzar a descender sobre la gente como lluvia. *Miren al río del este.* Al igual que el río se eleva, así lo hará mi pueblo.
>
> Vigilante, ¿qué ves? Él respondió: *"Veo un incendio. Es un incendio literal. Hay fuego en el río".* Entonces el Señor dijo: "Mi fuego comenzará a llegar a esta ciudad".
>
> "Les llamo a la vigilia de la noche. Reúnanse en la vigilia de la noche. Canten en la noche en las áreas difíciles de la ciudad y la maldad será puesta al descubierto y llegará liberación. Si entran en la vigilia de la noche, yo revocaré la inminente destrucción y el juicio que está establecido para el área".
>
> Una de las líderes de oración, Deborah DeGar, llevó la palabra profética de iglesia en iglesia, conduciendo una vigilia de oración desde las 3:00 hasta

las 6:00 de la mañana. *Después de 24 días comenzó a llover en Houston.* Nunca ha habido una inundación igual a esa en al historia de la ciudad. Houston se puso ante la vista de toda la nación. El río San Jacinto (*el río del este*) comenzó a subir de nivel e inundó todo el territorio. Los conductos de gas explotaron por debajo del río y *se produjo literalmente un incendio que ardía en medio del río crecido.* En medio del caos, la Iglesia se juntó en gran unidad.

En el caso de esta palabra profética, la inundación no se previno, pero no hizo el daño que pudo haber hecho.[2]

11. ¿Qué siente sobre la palabra en su espíritu? Dios nos ha dado a cada uno de nosotros discernimiento en nuestros espíritus. Si recibimos una palabra profética y sencillamente no nos parece correcta por alguna razón, tenemos motivo para probarla más antes de aceptarla como una palabra del Señor.

12. ¿Es confirmada por la Iglesia? Si se da una palabra en una situación colectiva, debería haber una reacción inmediata por parte de la gente y de los líderes. Debería surgir un "amén" colectivo. Rebecca Sytsema, mi coautora, en una ocasión estaba en una reunión en Anaheim Vineyard cuando un hombre se puso en pie durante la adoración para dar una palabra profética. Dijo que el Señor deseaba cumplir el deseo de los corazones de sus hijos y que Dios era, de hecho, un Dios que anhelaba cumplir aun lo que parecían cuentos de hadas. Terminó su palabra y se sentó. Cuando concluyó la adoración, Juan Wimber se acercó al micrófono y, tras un instante de silencio, simplemente afirmó: "¡Nuestro Dios *no* es un Dios de cuento de hadas!". Estalló una ola de aplausos entre la multitud, pues muchas de las personas habían discernido que algo no había sido correcto en esa palabra. Si se da una palabra en una situación colectiva, ¿cuál es la reacción de los líderes y de la congregación?

13. ¿Se cumple la palabra? "Si el profeta hablare en nombre de Jehová, y no se cumpliere lo que dijo, ni aconteciere, es palabra que Jehová no ha hablado; con presunción la habló el tal profeta; no tengas temor de él" (Deuteronomio 18:22). Esta es, desde luego, una de las pruebas más básicas de una palabra profética. Recuerde que la profecía puede ser condicional, basada sobre algo que nosotros debemos hacer. Si lee usted la lista de respuestas del siguiente capítulo y está satisfecho de haber hecho todo lo que Dios ha requerido de usted con respecto a la palabra, pero aún no se ha cumplido, puede que no haya sido una palabra del Señor, después de todo.

14. ¿Produce fruto la palabra? Una verdadera palabra del Señor dará un buen fruto que usted podrá discernir. En su libro *Prophecy* [Profecía], Bruce Yocum escribe:

> Si prestamos atención al efecto que tienen los pronunciamientos proféticos, podemos juzgar su valor. Una palabra del Señor producirá vida, paz, esperanza, amor y el resto del fruto del Espíritu Santo. Una palabra que no sea del Señor o bien producirá el fruto de la maldad—peleas, ira, celos, lujuria, indiferencia—o bien no tendrá efecto alguno.[3]

¿Qué tipo de fruto se ha producido en su vida por la palabra profética? Este será un factor revelador a la hora de aceptarla o no como una palabra del Señor.

CÓMO RESPONDER A LA PROFECÍA

Una vez que hayamos probado una palabra profética y hayamos llegado a la conclusión de que Dios ha hablado a nuestras vidas, entonces debemos entender cómo responder a lo que se nos ha dicho. La siguiente es una útil lista de comprobaciones en cuanto a los pasos adecuados a dar.

1. Escribir un diario. Hay una tremenda importancia en la escritura, la grabación o algún tipo de registro de las palabras proféticas. No podemos confiar solamente en nuestras memorias. Tener un registro de la profecía nos ayuda a recordar la palabra completa, evita que añadamos ideas a la palabra, y edifica nuestra fe cuando volvemos a leer la palabra. También podemos ver cómo la palabra que recibimos encaja en lo que Dios nos ha dicho en el pasado.

Sin embargo, hay veces en que no comprendemos claramente todo lo que Dios trata de decirnos en el momento en que se da la palabra. Tener un registro de la palabra nos ayuda a volver a ella más adelante y obtener un nuevo entendimiento. Por ejemplo, en junio de 1998 me hicieron una fiesta de cumpleaños en casa de C. Peter Wagner, y Cindy Jacobs había acudido a la celebración. Durante la fiesta, Cindy comenzó a sentir que un espíritu de profecía descendía sobre ella. Peter, que mantiene un diario profético, agarró una grabadora. Cindy me dio una hermosa palabra para el nuevo año que yo comenzaba en mi propia vida; después se volvió hacia Peter y comenzó a profetizar que Dios lo llamaba a levantar un seminario que reuniría a líderes de todo el mundo. Luego continuó dando detalles concretos.

En aquel momento, una idea tal nunca se había pasado por la mente de Peter. Él no tenía marco de referencia para un concepto así; sin embargo, la palabra de Cindy se transcribió y se escribió en la página 67 del diario profético de Wagner. Unos meses después, Peter se reunió con varios apóstoles de diferentes corrientes del cristianismo. Durante aquella reunión, el Señor habló a Peter sobre un concepto totalmente nuevo para entrenar a líderes de todo el mundo. Estaba claro que él debía retirarse de su puesto como profesor en el Seminario Teológico Fuller, donde había enseñado por 30 años, y comenzar su propia escuela similar a un seminario. A medida que él obedeció al Señor, Dios comenzó a derramar nueva revelación en cuanto a cómo debía operar la escuela. Más adelante en aquel año, él formó oficialmente el instituto Wagner Leadership Institute, y el primer alumno se matriculó aquel mes de diciembre.

Peter pudo regresar a la página 67 de su diario y volver a leer exactamente lo que Dios le había hablado. De hecho, a medida que comenzó a buscar consejo y a establecer el liderazgo para la escuela, pudo distribuir copias de la palabra que Cindy le había dado a fin de que quienes estaban implicados también conocieran la palabra que Dios le había dado sobre aquella nueva empresa.

2. No interpretar la palabra según los deseos de su carne. Muchos de los hijos de Dios han caído en el engaño al tomar una palabra profética y añadir a ella su propia interpretación, diciendo entonces que Dios les prometió esto o aquello. Cindy Jacobs da las siguientes palabras de precaución:

> Muchas personas solteras han acudido a mí diciendo que Dios les has prometido ciertas parejas porque eso les dijeron en profecías. Cuando yo les pregunté qué decían las profecías, ellos me respondieron algo como esto: "Dios dijo que me daría los deseos de mi corazón, y tal persona es el deseo de mi corazón". [Tal interpretación] puede que sea el deseo de su carne, pero puede que Dios no tenga nada que ver con ello en absoluto.[4]

Tenga mucho cuidado de no tomar una palabra y correr en una dirección que Dios no ha ordenado.

3. Aceptar la palabra. Aceptar significa aferrarse a algo. Cuando aceptamos o nos aferramos a una palabra, esta activa la fe para ver cumplida la palabra. Recuerde: "Así que la fe es por el oír, y el oír, por la palabra de Dios" (Romanos 10:17). Cuando aceptamos una palabra profética verdadera, nos da fe en que Dios tiene un destino para nosotros. Debemos permitirnos a nosotros mismos aceptar nuestra palabra profética con la fe en que Dios es totalmente capaz de hacer lo que dijo que haría. Si Dios ha inspirado la palabra, Él la sostendrá por el Espíritu Santo. Aun si hemos recibido una palabra difícil, si la palabra es de Dios, la fe se avivará en nuestro espíritu porque sabemos que Dios tiene un camino para nosotros.

Cuando yo tenía 18 años, el Señor me habló y dijo: "Yo te he llamado para la sanidad de las naciones". En aquel momento, el único marco de referencia que yo tenía para un llamado a las naciones era convertirme en misionero, lo cual era algo que yo no quería hacer. Aunque yo estaba dispuesto a obedecer a Dios, no acepté su palabra para mí. Dios volvió a decirme esa palabra diez años después, y esa vez acepté plenamente la palabra. Él entonces comenzó a mostrarme que no me había llamado a ser misionero, sino más bien un intercesor, profeta y estratega para las naciones que Él pondría en mi corazón. Él comenzó a abrir puertas para que yo viajara a diferentes naciones a fin de poder llevar palabras proféticas y edificar la intercesión estratégica para ver cumplida su voluntad. Si yo no hubiera estado dispuesto a aceptar esta palabra cuando Él me habló por segunda vez, habría perdido esa parte de su destino para mi vida.

4. Orar. Debido a que la profecía es provisional, una vez que sabemos lo que Dios quiere hacer en nuestras vidas lo mejor que se puede hacer es comenzar a orar según esa palabra. Esto no solamente ayuda a edificar nuestra relación con Dios y una persistencia en la fe, sino que también nos enseñará una batalla espiritual. El enemigo no quiere ver cumplida la voluntad de Dios en nuestras vidas; hará todo lo que pueda para que no tengamos éxito a la hora de alcanzar nuestros destinos. Por eso, debemos comprometernos a orar la palabra hasta que la veamos suceder. Por ejemplo, he conocido a muchas parejas estériles que han recibido palabras sobre hijos; sin embargo, no concibieron de inmediato. En algunos casos, se necesitaron años, pero como ellos escogieron orar su palabra con la fe de que Dios puede hacer todo lo que dice, la atadura de la esterilidad se rompió en sus cuerpos físicos y a menudo también en sus vidas espirituales.

5. Obedecer la palabra. Como se mencionó anteriormente, la profecía con frecuencia es provisional, lo cual significa que debemos hacer algo para verla cumplirse. Hay condiciones que cumplir. Este es un buen ejemplo bíblico: "*Si* se humillare mi pueblo, sobre el cual mi nombre es invocado, y oraren, y buscaren mi rostro, y se convirtieren de sus malos caminos; *entonces* yo oiré desde los cielos, y perdonaré sus pecados, y sanaré su tierra" (2 Crónicas 7:14, énfasis añadido). ¿Quiere Dios perdonar el pecado y sanar la tierra de su pueblo? ¡Claro que sí! Pero ellos tienen que hacer algo a fin de ver que ocurra esa profecía: humillarse a sí mismos, orar, buscar su rostro y volverse de sus malos caminos. Algo que nos ha sido profetizado puede que nunca llegue a ocurrir si no somos fieles a la hora de cumplir las condiciones.

En el capítulo 2 relaté la historia de cómo Dios dio una clara palabra de dirección a Rebecca, diciéndole que asistiera a la conferencia en California a fin de conocer a Jack. Si ella no hubiera ido a esa conferencia, podría haber dejado a un lado la oportunidad de conocer a la pareja escogida por Dios para ella. Dios seguramente podría haber organizado otra manera para que ellos se conocieran, pero también estaba implicado un asunto de tiempo. Su obediencia a la palabra profética le hizo seguir avanzando en el tiempo de Dios y en el destino que Él tenía para su vida.

6. Buscar el cumplimiento de la palabra. Habiendo completado los cinco pasos anteriores, deberíamos buscar y esperar que la palabra se cumpla. Juan 1:14 habla de la palabra haciéndose carne, lo cual es una buena afirmación para el cumplimiento de una palabra profética. Dios desea que su palabra se haga carne: que la sustancia intangible de una promesa profética se convierta en una realidad tangible en nuestras vidas. Muchos no ven manifestada su promesa porque no saben cómo estar atentos al cumplimiento de su palabra.

¿PODEMOS NOSOTROS PROFETIZAR?

Aunque no está dentro del alcance de este libro responder con exactitud a esta pregunta, la discusión sobre la profecía no estaría completa sin un breve vistazo con referencia a quién puede profetizar. Aunque no todos somos llamados como voceros de Dios en la tierra, el hecho es que todos profetizamos, sea por medio de compartir una palabra de ánimo, de edificar a un amigo, de dar buen consejo o, a sabiendas, dar una palabra profética. Romanos 12:6 dice que profetizamos de acuerdo a nuestra medida de fe. ¿En qué medida de fe está usted operando? Quiero alentarlo a que pida a Dios en este mismo momento que aumente su fe.

Si es usted un creyente en el Señor Jesucristo, el Espíritu Santo reside en su interior. Ahora puede pedirle al Espíritu de

Dios que comience a hablar por medio de usted, con el conocimiento de que Él puede hacerlo. También puede darle usted libertad a Él para que comience a manifestar sus dones particulares que hay dentro de usted, ya sea en profecía, en ayuda, en hospitalidad, en enseñanza o en cualquiera de los dones que se enumeran en Romanos 12, 1 Corintios 12 y Efesios 4. Todos los dones son muy necesarios en el Cuerpo de Cristo, ¡incluyendo el suyo!

Notas
1. Cindy Jacobs, *The Voice of God* [La voz de Dios], (Ventura, CA: Regal Books, 1995), p. 76.
2. Ibid., p. 181.
3. Bruce Yocum, *Prophecy* [Profecía], (Ann Arbor, MI: Servant Publications, 1976), p. 119.
4. Jacobs, *The Voice of God*, pp. 83-84.

CAPÍTULO 4

CAMINAR EN REVELACIÓN

Para que el Dios de nuestro Señor Jesucristo, el Padre de gloria, os dé espíritu de sabiduría y de revelación en el conocimiento de él, alumbrando los ojos de vuestro entendimiento, para que sepáis cuál es la esperanza a que él os ha llamado, y cuáles las riquezas de la gloria de su herencia en los santos.

EFESIOS 1:17-18

Cuando Dios nos habla, ya sea por profecía o por cualquier otro medio, su propósito al hacerlo es traer a nuestra vida un nuevo nivel de revelación. La revelación es esencial para vivir una vida cristiana victoriosa. Necesitamos el Espíritu de sabiduría y de revelación a fin de alcanzar la esperanza del llamado de Dios en nuestras vidas. Necesitamos que Dios no solamente revele cuál debiera ser nuestro siguiente paso, sino también las trampas que el enemigo haya preparado para nosotros en el camino para poder caminar en sabiduría.

"Revelación" significa manifestar, aclarar, mostrar, revelar, explicar mediante narración, enseñar, amonestar, advertir o dar respuesta a una pregunta. Cuando Dios nos habla, Él muestra uno o más de esos aspectos de revelación a fin de que los ojos de nuestras mentes puedan ser iluminados en cuanto a quién es Él. A lo largo de la Biblia, Dios se mostró activamente a sí mismo a la humanidad, y no ha vacilado en su deseo de que nosotros le entendamos. Él continúa revelando su poder, gloria, naturaleza, carácter, voluntad, caminos, planes y estrategias a su pueblo en la actualidad.

La revelación de Dios tiene tres importantes funciones en nuestras vidas:

1. **La revelación hace que las cosas oscuras se aclaren.** Jeremías 33:3 dice: "Clama a mí, y yo te responderé, y te enseñaré cosas grandes y ocultas que tú no conoces".

2. **La revelación saca a la luz las cosas ocultas**. Una importante definición de "revelación" es "apocalipsis", que significa destapar o revelar algo que está oculto para que pueda verse y conocerse tal cual es. Necesitamos esta clase de revelación en nuestras vidas para entender cómo vencer los intentos de Satanás de torcer el plan de Dios para nuestras vidas.

3. **La revelación muestra signos que nos señalarán hacia nuestros caminos de destino.** Necesitamos revelación a fin de conocer la voluntad de Dios

para nuestras vidas y, al entrar en acuerdo con su voluntad, cómo practicarla. La revelación no es un asunto de una vez solamente. Necesitamos nueva revelación continuamente a fin de seguir avanzando en el plan y el tiempo de Dios.

CÓMO OBTENER REVELACIÓN

Estas tres funciones de la revelación nos ayudan a entender el "porqué", pero una pregunta aún mayor es el "cómo". Para responder a esa pregunta, leamos Efesios 1:20-23:

> La cual operó en Cristo, resucitándole de los muertos y sentándole a su diestra en los lugares celestiales, sobre todo principado y autoridad y poder y señorío, y sobre todo nombre que se nombra, no sólo en este siglo, sino también en el venidero; y sometió todas las cosas bajo sus pies, y lo dio por cabeza sobre todas las cosas a la iglesia, la cual es su cuerpo, la plenitud de Aquel que todo lo llena en todo.

Este pasaje nos dice que Jesús puede derrotar las estructuras del enemigo en nuestras vidas desde su posición como "cabeza sobre todas las cosas", porque todas las cosas están bajo sus pies. Debido a que Jesús es cabeza, necesitamos pensar del modo en que Él piensa y revestirnos de la mente de Cristo (ver 1 Corintios 2:16). Nuestros procesos cognitivos deben estar de acuerdo con los pensamientos de Dios a fin de ser exitosos en la esfera terrenal.

El problema es que nuestras mentes están, por naturaleza, en enemistad contra Dios a causa de nuestra carne. Debemos, por tanto, encontrar una manera de ir más allá de nuestros cerebros y pasar a un lugar donde estemos vestidos con la mente de Cristo; un lugar donde el Espíritu de sabiduría y de revelación haya sido activado en nuestras vidas. Para hacer esto, necesitamos movernos en esa esfera de la fe en la cual Dios podrá mostrarnos nueva revelación en una manera en que nosotros, como individuos, podamos recibirla. El primer paso importante para obtener revelación es creer que Dios tiene revelación para nosotros y que tiene una manera de comunicárnosla. El segundo paso es estar abierto y atento a lo que Dios esté diciendo. El tercer paso es entrar en una nueva esfera de fe.

¡LA FE VIENE POR EL OÍR, Y EL OÍR POR LA PALABRA DE DIOS!

La fe es la persuasión general de la mente de que cierta afirmación es cierta. La idea principal que está detrás de la fe es la confianza. Cuando creemos que algo es cierto, merece nuestra confianza. Romanos 10:16-17 dice: "Mas no todos obedecieron al evangelio; pues Isaías dice: Señor, ¿quién ha creído a nuestro anuncio? Así que la fe es por el oír, y el oír, por la palabra de Dios".

El Espíritu Santo utiliza la Palabra de Dios para despertar una respuesta de fe en nuestro interior. Nuestra confianza en la Palabra de Dios es el terreno firme sobre el cual estamos en pie para salvación. Una respuesta de fe produce ciertas características dentro de nosotros. La siguiente es una lista de las características de la fe y cada una de su cualidad opuesta.

Confianza contra *desconfianza*
Creencia contra *incredulidad*
Lealtad contra *traición*
Fidelidad contra *infidelidad*
Confianza contra *inseguridad*
Obediencia contra *desobediencia*
Integridad contra *fragmentación*

Cuando yo oigo una palabra que creo que viene del Señor o siento que el Espíritu de Dios está avivando su voz en mi interior, sopeso lo que he oído basado en las características de la fe. Cuando oigo una voz que representa lo contrario de la fe para mí, rechazo esa voz. Dios nos ha dado a cada uno una medida de fe. Romanos 12:6 dice: "De manera que, teniendo diferentes dones, según la gracia que nos es dada, si el de profecía, *úsese conforme a la medida de la fe*" (énfasis añadido).

Nuestra fe debería estar siempre creciendo y fortaleciéndose. El concepto de fe es el mensaje cristiano clave y central. Basados en nuestra fe, entramos en el estado de salvación (ver Efesios 2:8-9); nuestra santificación está unida a la fe (ver Hechos 26:18); nuestra continua purificación es un resultado de nuestra fe (ver Hechos 15:9); y somos justificados por fe (ver Romanos 4:5; 5:1). Agradezca al Señor que somos adoptados por Él y mediante la fe obtenemos una estructura sobrenatural de fe (ver Romanos 8:15; Gálatas 3:26). La fe también se denomina un fruto del Espíritu. El fruto es algo que puede crearse y verse en una persona (ver Gálatas 5:22-23). La fe es un don sobrenatural que nos da la capacidad de hacer grandes actos para Dios. Jesús dijo que mediante la fe podemos mover montañas (ver Mateo 17:20; 1 Corintios 13:2).

CÓMO RECIBIR REVELACIÓN

Como mencionamos anteriormente, el modo principal en que Dios nos habla regularmente es por medio de la Escritura. Puede que Él utilice un versículo o pasaje para traer revelación acerca de una situación concreta en nuestras vidas. Pero no todo el que lee la Biblia obtiene revelación; algunos la leen puramente por su valor histórico. Otro la leen del mismo modo en que leerían un proverbio chino: por los principios y la perspectiva, pero nada más. Sin embargo, un cristiano, en quien el Espíritu de Dios está vivo y activo, puede leer los mismos pasajes y obtener una increíble y tremenda perspectiva y oír la voz de Dios "actual" para su vida.

Cuatro palabras griegas describen las funciones de la Palabra de Dios: el modo en que diferentes individuos pueden leer el mismo pasaje de la Escritura pero cada individuo recibe algo diferente:

1. Graphe. Es la Palabra de Dios escrita e histórica. Cualquiera, sea salvo o no, puede leer y entender la Biblia desde esta perspectiva. Leer la Biblia como *graphe* es como leer una novela. Uno puede entender la historia y posiblemente hasta el valor histórico, y quizá pensar en los personajes y los escenarios, pero realmente obtener poco más que eso.

2. Logos. Es ver el significado de los principios de la Biblia. Por ejemplo, incluye entender el valor personal de seguir la Regla de Oro o de cosechar lo que se ha sembrado. En general, son buenos principios a seguir para la vida, y pueden ser de valor ya se sea salvo o no salvo.

3. Rhema. Es cuando la Palabra de Dios pasa a ser revelación. *Rhema* es cuando *graphe* y *logos* son iluminados para usted por el Espíritu Santo. *Rhema* trae iluminación y da testimonio en su espíritu. Nadie que sea verdaderamente salvo ha sido salvo sin un entendimiento *rhema* de su necesidad de Cristo en su vida.

4. Zoe. Todos los cristianos han recibido una palabra *rhema* de Dios, pues de otro modo no habrían llegado a la salvación. Para algunos, su revelación de Dios termina ahí; sin embargo, para quienes caminan en el Espíritu de sabiduría y revelación, leer la Palabra de Dios se convierte en una parte creativa y viva de quiénes son. Cuando la Palabra de Dios se convierte en *zoe*, mora en el interior de ellos. La palabra *rhema* se convierte en revelación continuada y transformadora. Dios tiene claros canales para hablar revelación a quienes leen la Biblia como vida *zoe*.

Habiendo visto las diferentes funciones de la Biblia, consideremos una manera de pasar de leer la Biblia como *graphe* para obtener revelación *zoe*. Tomemos Jeremías 33:3 como ejemplo:

Clama a mí, y yo te responderé, y te enseñaré cosas grandes y ocultas que tú no conoces.

Léala en voz alta, y luego escriba el pasaje subrayando los puntos principales. Por ejemplo:

1. Clama a mí
2. Yo te responderé
3. Te mostraré cosas grandes y ocultas

Luego pida a Dios que active el Espíritu de sabiduría y revelación en su lectura del pasaje. Pídale que le muestre cosas que están por encima de su cerebro y cosas que actualmente no distingue o reconoce. Pídale que le muestre cosas que no haya visto antes. Escriba todas las impresiones que reciba a medida que medita en la Escritura. Puede que quiera hacer esto más de una vez. A medida que se permita a usted mismo recibir las impresiones, confíe lo suficiente en ellas como para escribirlas y permita que la fe, la cual es Dios hablándole a usted, se avive en su interior. Cuando se haga viva y comience a ver revelación *rhema* que no haya visto antes, pregunte a Dios cómo se aplica a usted y a su situación; pídale que establezca la palabra *rhema* en su interior, para que se convierta en vida *zoe* continuada.

Desde luego, podemos oír a Dios de muchas maneras diferentes, y Dios puede traernos revelación *zoe* sin pasar por este proceso; pero para aquellos que no estén acostumbrados a recibir revelación de Dios, esta sencilla fórmula es un punto de partida.

ALGUNAS MANERAS EN QUE DIOS HABLA

Oír la voz de Dios y recibir revelación no es tan difícil como algunos podrían pensar. Muchos de los hijos de Dios le oyen, pero no han aprendido a percibir su voz. Como hemos dicho anteriormente, percibir significa aferrarse, sentir, comprender, entender mentalmente, reconocer, observar o discernir. Aprender a percibir la voz de Dios y ponerla en práctica es una clave para vivir una vida cristiana exitosa. ¿Cómo nos habla Dios? Hay varias maneras. Aunque la siguiente lista no es exhaustiva, muestra algunas de las maneras en que Dios habla a su pueblo en la actualidad.

Nunca deberíamos subestimar el poder de la Escritura como un instrumento de Dios para hablarnos de manera personal.

1. La Biblia. Ya lo hemos mencionado, pero vale la pena repetirlo: La manera principal y más importante en que oímos a Dios hablarnos es mediante la Biblia, la Santa Escritura, la cual es su revelación escrita para la humanidad. Al leer la Biblia, ¿alguna vez un versículo pareció saltar de la página? Cuando eso ocurre, con frecuencia es Dios que nos comunica una verdad en particular para nuestra situación en particular. Nunca deberíamos subestimar el poder de la Escritura como un instrumento de Dios para hablarnos de manera personal. De hecho, la Biblia es nuestra prueba de fuego para cualquier otro tipo de revelación que sintamos que estamos recibiendo. Si creemos haber oído a Dios, pero lo que oímos contradice la Biblia de alguna manera, ¡podemos estar seguros de que lo que estamos oyendo no es la voz de Dios!

2. La suave y tranquila voz de Dios. Cuando Dios nos habla de esta manera, sabemos que algo está bien. Tenemos un fuerte sentimiento de ir hacia delante en una dirección, o vemos algún asunto que hay en nuestro corazón y la respuesta está clara para nosotros. Algunos pueden llamarlo intuición o hasta un sexto sentido, pero con frecuencia es una voz inaudible de Dios que habla directamente a nuestros espíritus.

3. Otras personas. Dios puede hablarnos, y lo hace a menudo, una palabra profética muy directa por medio de otras personas. Algunos ejemplos bíblicos incluyen

- Al rey David expresando: "El Espíritu del Señor habló por medio de mí; puso sus palabras en mi lengua" (2 Samuel 23:2 NVI).
- Pedro diciendo: "Sino que los profetas hablaron de parte de Dios, impulsados por el Espíritu Santo" (2 Pedro 1:21 NVI).

Esto puede suceder en la predicación y la enseñanza que recibimos, en conversaciones que tenemos con otros, en la palabra profética o una palabra de conocimiento o de sabiduría que recibimos, o mediante lenguas e interpretación. Sea cual sea el método, cuando el Señor usa a alguien para hablarnos, sus palabras nos llegan de manera profunda, como cuando alguien enciende la luz en medio de la oscuridad.

4. La creación de Dios. "Porque desde la creación del mundo las cualidades invisibles de Dios, es decir, su eterno poder y su naturaleza divina, se perciben claramente a través de lo que él creó, de modo que nadie tiene excusa" (Romanos 1:20 NVI). ¿Ha sentido alguna vez la presencia de Dios en una puesta de sol, en una flor o hasta en una intensa tormenta? A veces, la gran belleza en la naturaleza o incluso en una verdad moral puede ser un vehículo para una palabra directa de Dios. En la Biblia, Dios usó un arco iris como señal de su pacto con Noé (ver Génesis 9:9-17); usó rocío sobre un vellón para ayudar a dirigir a Gedeón (ver Jueces 6:36-40); hizo que una higuera que no daba fruto se secara y muriera (ver Mateo 21:19-21). La justicia que Él pone a nuestra disposición se compara en las Escrituras con la blanca nieve (ver Isaías 1:18). Si se toma usted el tiempo de detenerse y mirar a su alrededor, puede que se sorprenda al descubrir que Dios habla por medio de su creación.

5. Sueños y visiones. "Los dos tuvimos un sueño respondieron, y no hay nadie que nos lo interprete. ¿Acaso no es Dios quien da la interpretación? preguntó José. ¿Por qué no me cuentan lo que soñaron?" (Génesis 40:8 NVI). Vemos muchos ejemplos bíblicos de Dios hablando a su pueblo en sueños y visiones. Él habló a José, a Salomón, a Faraón y a muchos profetas y reyes, y a José (el padre terrenal de Jesús) por este medio. Joel 2:28 dice: "Después de esto, derramaré mi Espíritu sobre todo el género humano... tendrán sueños los ancianos y visiones los jóvenes" (NVI). Dios sigue hablando en la actualidad mediante sueños. Si nos despertamos de un sueño que parece inusualmente vívido y muy real puede que queramos preguntarle al Señor si Él está tratando de hablarnos algo por medio de ese sueño. Hablaremos de esto con más detalle en los dos capítulos siguientes.

6. Experiencias o circunstancias. Puede haber veces en que Dios nos hable por medio de incidentes muy concretos. A veces esto sucede en oración en la casa; a veces sucede cuando respondemos a un llamado al altar. Frecuentemente se producirá cuando las personas son salvas. Puede que sea un momento en que una tremenda claridad llega como resultado de algún incidente. Cuando Dios nos habla mediante una experiencia concreta, seremos capaces de señalar ese momento en el tiempo como una marca para un cambio en nuestras vidas. Muchas veces surgen circunstancias extrañas en nuestras vidas; sin embargo, necesitamos observar con atención esas circunstancias para poder oír claramente la voz de Dios.

7. Ángeles. A lo largo de la Biblia, Dios envió ángeles como sus mensajeros para hablar algo a su pueblo. Dios sigue escogiendo este método de comunicación de vez en cuando, y no podemos descartarlo. ¡Un día puede que Dios le sorprenda!

8. Voz audible. A veces, Dios escoge hablar con voz audible. Lo hizo así con el joven Samuel al igual que con muchas otras personas en la Biblia. El libro de Génesis nos dice que fue mediante su voz audible como Dios creó los cielos, la tierra y toda criatura viviente. ¿Acaso no puede Dios usar esa misma voz para hablar a su creación?

BARRERAS PARA LA REVELACIÓN

Al ver algunas de las maneras en que Dios nos habla se plantea la pregunta: ¿Por qué no le oímos con más frecuencia? Desde luego, Dios puede escoger cuándo, dónde, cómo y a quién habla. Pero, suponiendo que Él intente comunicarse con nosotros, ¿cuáles son algunos de los problemas en nuestras vidas que pueden evitar que obtengamos revelación? La siguiente es una lista de algunas barreras con las que muchos de nosotros hemos tratado o con las que estamos tratando actualmente.

1. Distracciones. ¿Alguna vez le ha resultado difícil orar? O una vez que enfoca su mente en ello, ¿se aburre y se distrae? A menudo no oímos lo que Dios pueda tratar de decirnos simplemente porque somos incapaces de enfocarnos en Él. Si estamos hablando con alguien por teléfono a la vez que intentamos hacer otras tres cosas más, lo más probable sea que no absorbamos toda la conversación. Esta es una de las razones por que la Escritura nos exhorta a meditar en Dios y en su Palabra. Si podemos encontrar una estrategia para minimizar nuestras distracciones, puede que nos sorprenda oír a Dios hablarnos.[1]

2. Desinformación. A veces, como cristianos, miramos a nuestras iglesias y a nuestros colegas para edificar nuestra teología en lugar de basar nuestra posición doctrinal en lo que la Palabra de Dios dice. Por eso, muchos han llegado a creer que Dios no habla a sus hijos en la actualidad; no por alguna cosa que la Biblia diga, sino debido a la desinformación que han recibido en algún momento. Dios nos ha dado su Palabra y sus promesas, y espera que comprobemos nuestras decisiones y nuestras creencias con la Escritura a fin de no tropezar por la desinformación. Siempre haremos lo correcto al pedir a Dios que renueve nuestras mentes para conformarnos a Él en vez de a las creencias del mundo (ver Romanos 12:2).[2]

3. Incredulidad. Muchos no pueden oír la voz de Dios en sus vidas, y tampoco quieren, porque sencillamente no creen. Puede que hayan sido salvos y que hasta oren de vez en cuando, pero realmente esperan poco o nada de ello. Si realmente creyéramos que cada vez que oramos Dios—que tiene el control de todo en nosotros y alrededor de nosotros—no solamente nos escucha, sino que también desea conversar con nosotros, oraríamos en cada oportunidad que tuviéramos. Sin embargo, debido a que con frecuencia no vemos respuestas inmediatas (o lo que consideramos adecuado) a nuestras oraciones, caemos en la incredulidad. Debemos recordar que servimos a un Dios todopoderoso y que todo lo sabe, y podemos confiar en que Él nos da lo mejor a pesar de lo que nosotros le pidamos o a pesar de cómo interpretemos su respuesta. Si hemos caído en la incredulidad, nuestra primera oración a Dios debiera ser: "¡Sí, creo!… ¡Ayúdame en mi poca fe!" (Marcos 9:24 NVI).[3]

En nuestro libro *Possessing Your Inheritance* [Cómo poseer su herencia], Rebecca y yo señalamos la siguiente progresión que puede conducir a pasar por alto la revelación de Dios. Cuando Dios habla, debemos comprender que tenemos un enemigo que inmediatamente trata de robarnos lo que es nuestro por derecho. Satanás siempre intentará torcer los planes de Dios, y tal fue el caso para los israelitas. Cuando ellos salían de

su cautividad en Babilonia, recibieron una revelación del Señor
(ver Jeremías 29:10). Los israelitas sabían que la voluntad de
Dios para ellos era que regresaran y reconstruyeran el Templo
del Señor que estaba destruido. Ellos habían oído con claridad de Dios, pero a medida que comenzaron a trabajar hacia la
restauración que Dios tenía para ellos, el enemigo resistió sus
esfuerzos. En lugar de luchar por lo que ellos sabían que debían
hacer, los hijos de Israel cedieron. A medida que el pueblo per-
mitió que el enemigo tuviera un punto de apoyo, sucedieron
tres cosas.

1. **Cayeron en el *desánimo*.** Comenzaron a preguntar
   por qué Dios los llamaba a reconstruir el Templo
   en primer lugar.
2. **Cayeron en la *desilusión*.** Las cosas no marcha-
   ban bien, así que ellos comenzaron a preguntarse
   si Dios realmente les había dicho que edificaran.
3. **Cayeron en el *desinterés*.** A medida que progresó
   la situación, ellos decidieron que edificarían sus
   propias casas y dejarían la de Dios sin reparar.
   Dejó de importarles.

Esta progresión de eventos es con frecuencia un patrón para
lo que puede suceder en nuestras propias vidas si no guardamos
lo que el Señor nos haya dicho y perseguimos seriamente su
voluntad. Se necesita un acto de nuestra propia voluntad para
escoger el plan de Dios de poseer nuestra herencia.[4]

CÓMO PROCESAR LA REVELACIÓN

Dios tenía un propósito al hacer que los israelitas reedifica-
ran su Templo. No fue porque Dios estuviera siendo egoísta.
La reconstrucción tenía un efecto directo sobre restaurar a los
israelitas lo que había sido perdido por su cautividad en Babilonia; era importante para su futuro. Cuando Dios trae revelación a nuestras vidas, no es un fin en sí mismo; en cambio,
es parte de un proceso con la intención de hacernos avanzar
hacia nuestro potencial y nuestro destino. En este libro, hemos

hablado del valor de la profecía en nuestras vidas. La profecía, al igual que la mayoría de revelación que recibimos, nos hace avanzar por el siguiente proceso:

1. **Dios nos habla sobre sí mismo**. Frecuentemente, Dios usará la Biblia como su medio de comunicarse con nosotros acerca de quién es Él. Aun cuando Él utilice otros métodos, estos siempre estarán en línea con lo que la Biblia dice. Por tanto, es imperativo que nos familiaricemos todo lo posible con la Palabra de Dios.
2. **Dios nos dice lo que Él ha planeado**.
3. **Dios nos dice que somos parte del plan**.

No todos están abiertos a recibir lo que Dios tiene que decir, y eso se debe a que siempre que llega revelación de Dios, directamente nos confronta. Cuando somos confrontados con la verdad de Dios, debemos abordarla en algún nivel. La revelación de Dios requiere una respuesta. Aunque Dios es soberano, debemos responder a su soberanía a fin de que su voluntad se haga.

La revelación de Dios llega a nosotros no como información para que nuestros cerebros la procesen, sino como un mandato a nuestra fe para que se avive y como una guía para conducir nuestras vidas. Sin fe es imposible agradar a Dios; sin embargo, es igualmente cierto que la fe sin obras es muerta. La revelación nos desafía en ambos aspectos. Una vez que obtenemos revelación, estamos obligados a esa revelación; nos hacemos responsables de lo que Dios nos ha revelado. A fin de alcanzar nuestro destino, debemos recibir revelación de Dios y actuar de acuerdo a ella. Desde luego, algunas veces la reacción más apropiada es esperar en Dios con expectativa, pero el principio sigue siendo el mismo. Cuando no actuamos según la revelación que recibimos es cuando las ventanas de los cielos pueden cerrarse, y a veces para siempre. Caminar en revelación y alcanzar nuestro destino en Dios puede resumirse de modo muy sencillo. En cada circunstancia en que nos encontremos, debemos descubrir el plan soberano de Dios en esa circunstancia y ser fieles en cuanto a caminar en su voluntad.

Notas
1. Marilyn Willett Heavilin, *I'm Listening, Lord* [Escucho, Señor], (Nashville, TN: Thomas Nelson Publishers, 1993), pp. 33-37.
2. Ibid., pp. 49-51.
3. Ibid., pp. 54-57.
4. Chuck D. Pierce and Rebecca Wagner Sytsema, *Possessing Your Inheritance* [Cómo poseer su herencia], (Ventura, CA:Renew Books, 1999), pp. 100-101.

CAPÍTULO 5

OÍR A DIOS POR MEDIO DE SUEÑOS Y VISIONES

Y él les dijo: Oíd ahora mis palabras. Cuando haya entre vosotros profeta de Jehová, le apareceré en visión, en sueños hablaré con él.

NÚMEROS 12:6

Concluimos el capítulo anterior diciendo que en cada circunstancia en que nos encontremos, debemos descubrir el plan soberano de Dios en esa circunstancia y ser fieles en cuanto a caminar en su voluntad. Una de las principales maneras en que Dios se comunica con su pueblo es por medio de sueños y visiones, aunque con frecuencia esos sueños y visiones son malentendidos, descartados o ignorados. Los sueños, en particular, pueden parecer necios o extraños, pero como señala Ira Milligan:

> Pablo dijo que Dios escogió lo necio del mundo para confundir a lo sabio (ver 1 Corintios 1:27). Aunque muchos sueños sean necios o sin sentido para el mundo, son preciosos para aquellos que entienden "la sabiduría escondida" de lo alto (1 Corintios 2:7).[1]

Fiona Starr y Jonny Zucker señalan:

> El Antiguo Testamento está lleno de escenas de sueños e interpretaciones. Una de las más conocidas es la historia del hijo de Jacob: José. Se decía que José tenía el poder de pronosticar por medio de sus sueños. Los análisis de los sueños de José eran con frecuencia causa de mucha rivalidad entre hermanos, no solamente por el singular poder que José poseía sino también debido al contenido de los sueños. En muchos de sus sueños, José soñó consigo mismo como el hermano superior; los demás se enojaron con la aparente arrogancia de José y trataron de exiliarlo a la vez que convencían a Jacob de que su hijo favorito estaba muerto. Sin embargo, el poder de José le ayudó a hallar la salida en una situación peligrosa cuando pudo ayudar al faraón de Egipto a interpretar sus propios sueños.
>
> La escalera de Jacob es otra historia bíblica bien conocida sobre sueños. Algunos dicen que el sueño de la escalera que se apoyaba en la tierra pero conducía

a los cielos es un símbolo de una comunicación más elevada entre Dios y los seres humanos en la tierra.[2]

El Señor utilizaba sueños y visiones para guiar, advertir, dirigir, ayudar y comunicar su corazón. Dios no ha dejado de comunicarse con la humanidad por este medio.

En la Biblia hay más de 50 referencias en cuanto a Dios enviando mensajes por medio de sueños y visiones, tanto a los justos como a los injustos. El Señor utilizaba sueños y visiones para guiar, advertir, dirigir, ayudar y comunicar su corazón. Dios no ha dejado de comunicarse con la humanidad por este medio; de hecho, Dios frecuentemente usa sueños y visiones para alcanzar con el evangelio a individuos no salvos, en particular en partes cerradas del mundo. En el ministerio Global Harvest Ministries, donde sirvo como vicepresidente, recientemente comunicamos una historia así:

> Un iraní que vive cerca de Kassel le habló a un obrero cristiano de un sueño que había tenido recientemente: "Yo estaba en el tejado de mi casa cuando una luz brillante como un proyector me enfocó. Entonces esa luz se movió para iluminar una corriente, que parecía ser de luz. Yo no sé lo que significa. He consultado libros y he visitado a intérpretes de sueños, pero no puedo encontrar la respuesta". El obrero cristiano le dijo que solamente Dios puede interpretar sueños, y que Jesús es la luz del mundo. "La luz que brillaba sobre ti significa que Jesús te está llamando, y la corriente puede que sea una indicación de que deberías ser bautizado". El iraní quedó convencido y estuvo de acuerdo en seguir a Jesús y ser bautizado.[3]

Tenemos cientos de testimonios similares de sueños y visiones que Dios utiliza para atraer a sí mismo a individuos, a familias y a comunidades enteras. De modo parecido, el Señor usa este método de revelación en la vida de la mayoría de los creyentes, si es que no de todos.

¿QUÉ ES UN SUEÑO?

Un sueño es una emisión de revelación (ya sea natural o espiritual) que llega en un momento en que nuestro cuerpo está en paz y nosotros estamos quietos. Algunas veces, esa es la única manera en que Dios puede comunicarse con usted, porque su alma está lo suficientemente tranquila para que el Señor hable profundamente a su espíritu. Un sueño es como una instantánea de algo con lo que usted puede relacionarse en forma de imagen. Eclesiastés 5:3 habla de que el sueño viene cuando hay muchas ocupaciones. Puede que sea una respuesta inconsciente a las circunstancias de su vida o que el Espíritu Santo se esté comunicando con usted. Como afirma Jane Hamon en su libro *Dreams and Visions* [Sueños y visiones]:

> Los sueños se forman en la mente subconsciente de un hombre o una mujer basados en imágenes y símbolos que son únicos para el individuo, dependiendo de su trasfondo, experiencia y actuales circunstancias. Los sueños pueden comunicarnos verdad sobre nosotros mismos—o sobre otras personas—que nuestra mente consciente puede que no haya reconocido.
>
> Los sueños pueden originarse estrictamente en la mente natural o pueden ser dados como mensajes del Espíritu de Dios y recibidos en la mente del hombre… Si comparamos la comunicación del Espíritu del Señor por medio de sueños con otros métodos de comunicación divina mencionados en la Escritura—profecía, una palabra de conocimiento, etc.—, la principal diferencia es que los sueños son dados en

primer lugar a nuestras mentes subconscientes antes de ser percibidos por nuestras mentes conscientes.[4]

En el antiguo mundo oriental, los sueños eran tratados como realidad; se consideraban como el mundo de lo divino o lo demoníaco, y con frecuencia revelaban el futuro. Los sueños podían estar llenos de revelación que causaría que el soñador tomara la decisión correcta para su futuro.

A Israel se le prohibió utilizar muchas de las prácticas de adivinación del mismo tipo que se utilizaban en Egipto y en otros países y pueblos vecinos. Sin embargo, Dios los visitaba en la noche para comunicarles su voluntad y sus caminos. Esto continuó a lo largo de la Biblia. Solamente en los dos primeros capítulos del Nuevo Testamento Dios dio dirección por medio de sueños proféticos cinco veces.

Nosotros como cristianos también podemos recibir revelación de sueños que sean inspirados por el Espíritu Santo. Por ejemplo, en una ocasión tuve un sueño en el que estaba en oración por un viaje a Israel. Mi buena amiga y colega Bobbye Byerly y yo íbamos a dirigir la oración para una reunión facilitada por Peter Wagner que reconciliaría a líderes cristianos árabes y líderes mesiánicos. Aquella reunión estuvo rodeada de bastante guerra espiritual. Yo me turbé mucho mientras oraba y llamé a Bobbye para decirle que deberíamos orar y ayunar por tres días antes de viajar. Bobbye también sentía la misma carga y estuvo de acuerdo de inmediato.

El segundo día del ayuno, yo me quedé dormido y soñé que Barbara Wantroble, una profeta muy conocida, me preguntaba:

—Entonces ustedes van a Israel. Hay dos caminos, ¿cuál de ellos tomarán?

Yo le dije el camino por el que iríamos. En el sueño, era como si yo le mostrara un mapa y los dos vagáramos por el desierto árabe para llegar a Israel. Entonces ella dijo:

—Pueden ir por ese camino, pero si lo hacen, experimentarán mucha guerra espiritual. Hay un camino mejor que pueden tomar.

—Oh—dije yo—, ¿y cuál es ese camino?

—Vayan directamente a Israel—respondió ella—y reúnanse con el liderazgo que conocen. Luego tengan sus reuniones con todos los demás.

Me desperté y supe que Dios me había revelado la dirección que Peter Wagner debería tomar a la hora de proceder a llevar a cabo esa reunión. Le alenté a que primero tuviera una reunión con los líderes de Israel a los que conocíamos, y luego podríamos tener la reunión general y el tiempo de reconciliación. Eso demostró ser una revelación directa de Dios, y tuvo un impacto significativo en el resultado global de nuestra misión.

¿QUÉ ES UNA VISIÓN?

La mejor manera de describir una visión es imaginar que está usted teniendo un sueño, pero está despierto. Para quienes experimentan una visión, con frecuencia parece como si hubieran entrado en una realidad diferente, ya que ven imágenes de objetos y eventos que no están físicamente ahí con sus ojos espirituales. Otras personas que estén en la misma habitación puede que no vean lo que ocurre porque la persona que tiene la visión percibe un evento espiritual.

Algunas veces, la diferenciación entre visión y sueño es difícil de determinar, si no imposible. Por ejemplo, las circunstancias en las cuales las visiones reveladoras llegaron a los videntes de la Biblia varían. A veces llegaban en horas en que se está despierto (ver Daniel 10:7; Hechos 9:7), en el día (ver Hechos 10:3) y en la noche (ver Génesis 46:2). Pero las visiones tenían relación directa con el estado del sueño (ver Números 12:6; Job 4:13). En el Antiguo Testamento, los receptores de las visiones reveladoras eran los profetas, "escribiendo" (ver Isaías 1; Abdías 1; Nahum 1) y "sin escribir" (ver 2 Samuel 7:17; 1 Reyes 22:17-19; 2 Crónicas 9:29), y los ejemplos más destacados son Ezequiel y Daniel. Algunos escribían sus visiones; otros profetas hacían que otros individuos escribieran sus visiones. Habacuc 2:1-4 dice: "Sobre mi guarda estaré, y sobre la fortaleza afirmaré el pie, y velaré para ver lo que se me dirá, y qué he de responder tocante a mi queja. Y Jehová me respondió, y dijo: Escribe la visión, y declárala en tablas, para que corra el que leyere en ella. Aunque la visión tardará aún por un tiempo, mas se apresura hacia el fin, y no mentirá; aunque tardare, espéralo, porque sin duda vendrá, no tardará... mas el justo por su fe vivirá". Muchas veces los profetas necesitan escribir sus visiones a fin de que cualquiera pueda entender lo que Dios está diciendo y la dirección que Él está dando. En el Nuevo Testamento, Lucas manifiesta el mayor interés en las visiones, hablando de las visiones de Zacarías (ver Lucas 1:22), Ananías (ver Hechos 9:10), Cornelio (ver 10:3), Pedro, (ver 10:10) y Pablo (ver 18:9). Vemos que Pablo trata las visiones con mucha reserva (ver 2 Corintios 12:1). El libro de Apocalipsis es la visión definitiva.

En *The Future War of the Church* [La futura guerra de la Iglesia], Rebecca y yo compartimos una penetrante visión que el Señor me dio el 31 de diciembre de 1985. Aunque yo sueño con frecuencia, solamente he tenido cinco visiones que han sido lo bastante significativas como para que yo las registre. Esta visión detallada daba dirección para los cambios de la Iglesia del futuro, y también advertía de los militantes del Islam y los actos impíos contra la Iglesia. Puede leer los detalles de esta visión en el libro *The Future War of the Church*.[5]

Mi pastor es Robert Heidler. Su esposa, Linda, es una líder de oración profética y ministro maravillosa. Ella tuvo la siguiente visión:

En marzo de 1997 estábamos en un servicio de domingo en la mañana, y yo comencé a tener una visión. En esa visión supe que el Señor iba a visitar mi casa. Yo había limpiado todo más que nunca: mis alfombras estaban limpias, mis cortinas lavadas y planchadas, y todo estaba sin polvo y encerado. Tenía flores naturales sobre la mesa. No se me ocurría nada más que hacer para que mi casa estuviera perfecta para la visita del Señor. Estaba en el mejor estado posible.

De repente, el Señor estaba en mi casa. No había llamado a la puerta; sencillamente apareció. Yo no sabía qué decir o qué hacer. Él miró alrededor y luego señaló a una pared de mi sala de estar y dijo: "Hay que quitar toda esa pared". Fue una conmoción para mí. Aquella pared era la única que había entre mi sala de estar y el garaje. Mi lavadora y mi secadora estaban al otro lado de esa pared. Yo quería protestar, pero a medida que el Señor pronunciaba las palabras, la pared tembló. Placas de piedra y cables comenzaron a sobresalir de la pared, y poco después la habitación estaba cubierta de yeso.

Antes de poder recuperarme de eso, el Señor señaló a una habitación en la parte de atrás de mi casa. En realidad yo no tenía ninguna habitación como esa, solamente en la visión. Esa habitación tenía todo tipo de condecoraciones, fotografías, trofeos, medallas, etc.; también tenía reliquias familiares. El Señor señaló a esa habitación y dijo: "Hay que quitar toda la habitación".

De inmediato, pensé en sacar todos mis tesoros, pero el Señor dijo: "Y tampoco trates de sacar nada". Cuando miré, apareció una inmensa grúa en mi patio trasero y un martillo de demolición se movió por la habitación y la derribó.

Mi casa era un desastre, yo estaba conmocionada y no sabía qué hacer. Aquello no era lo que yo había esperado, pero estaba muy claro que el Señor sabía lo que necesitaba ocurrir en mi casa.

Me encanta esa visión, pues habla por sí misma. El Señor está diciendo: "Aunque tengas todo en orden, ¡prepárate para los cambios que yo haré!".

¿QUÉ ES UNA VISIÓN NOCTURNA?

Las Escrituras se refieren varias veces a visiones nocturnas. Una visión nocturna se produce cuando no estamos seguros si estamos dormidos o despiertos, y tiende a ir directamente al grano.

En Hechos 16:9-10 leemos:

Y se le mostró a Pablo una visión de noche: un varón macedonio estaba en pie, rogándole y diciendo: Pasa a Macedonia y ayúdanos. Cuando vio la visión, en seguida procuramos partir para Macedonia, dando por cierto que Dios nos llamaba para que les anunciásemos el evangelio.

Ira Milligan ofrece esta perspectiva:

Existe una diferencia entre un sueño y una visión nocturna. Una visión nocturna requiere poca o ninguna interpretación. Además de la visión misma que se tiene, una visión nocturna normalmente tiene una voz que habla y que da el significado principal de la visión. Como contraste, un sueño rara vez se presta a la autointerpretación.[6]

¡EL DISCERNIMIENTO ES CLAVE!

Ya sea que hablemos de sueños, visiones o visiones nocturnas, necesitamos reconocer que no toda la revelación comunicada por medio de esos medios es necesariamente inspirada por Dios. Hay tres diferentes categorías de sueños y visiones, y cada una de ellas puede remontarse a diferentes fuentes:

1. Sueños y visión espirituales, los cuales son inspirados por el Espíritu de Dios.
2. Sueños y visiones naturales o sentimentales, los cuales son producidos por los procesos naturales

de la mente, la voluntad y las emociones de la persona.

3. Sueños y visiones falsos y de lo oculto.[7]

Es importante que ejerzamos discernimiento a la hora de determinar la fuente de los sueños y las visiones. Si no, puede que basemos nuestras decisiones en deseos del alma o que el enemigo obtenga un punto de entrada ya preparada para torcernos en nuestro destino. Adaptada del libro de Jane Hamon, *Dreams and Visions* [Sueños y visiones], la siguiente es una lista de preguntas para hacernos a nosotros mismos a la hora de determinar qué hay detrás de un sueño o una visión.

1. **¿Es el mensaje del sueño o la visión coherente con las enseñanzas, el carácter y la naturaleza de Jesús?** Toda revelación de sueños y visiones espirituales nos conducirá a una relación con Dios más cercana y comprometida.

2. **¿Conduce el mensaje del sueño o la visión a la rectitud?** Si el mensaje del sueño es más egoísta o habla a los deseos del alma, puede que no sea un sueño espiritual.

3. **¿Es el mensaje del sueño o la visión coherente con la doctrina, la enseñanza y los principios de la Palabra de Dios?** Todo sueño o visión espiritual apoyará las verdades bíblicas y hará hincapié en ellas.

4. **¿Siente usted un interés o inquietud de su ánimo o sus emociones al despertar?** En el libro de Daniel vemos que el rey tuvo un sueño muy perturbador. Cuando se sienta impactado por un sueño, podría ser una indicación de que Dios le está hablando.

5. **¿Hace el sueño o la visión que usted examine su alma? ¿Han sido respondidas preguntas urgentes o insistentes dentro del contexto del sueño?**

6. **¿Es el sueño recurrente o similar a otros que usted ha tenido?** Aunque esto solamente no es un

indicador de un sueño espiritual, en el contexto de las otras preguntas planteadas aquí podría ofrecer una pista de que el Señor está tratando de captar su atención repetidamente.[8]

HABLE SIEMPRE A DIOS
SOBRE SUS SUEÑOS

Si después de leer estas preguntas y aplicar el discernimiento que Dios le ha dado usted determina que su sueño tiene un origen más natural o sentimental, o es más demoníaco en su naturaleza, no se desaliente. Sin importar el origen del sueño, usted siempre puede hablarle al Señor, y debería hacerlo, sobre lo que ha soñado. No debería ignorar lo que un sueño pueda revelar sobre sus emociones, y siempre puede pedirle a Dios que aclare sueños desconcertantes o perturbadores a fin de que Él pueda llevar su consuelo y su sanidad a su mente, su voluntad y sus emociones. Si usted discierne que un sueño es de naturaleza demoníaca, podría ser una indicación del modo en que el enemigo está trabajando para frustrar su destino, o podría ser un llamado a un nuevo nivel de guerra espiritual. Todos los sueños tienen cierto nivel de significado en su vida, y es importante invitar al Señor al proceso de determinar cuál pueda ser el nivel de importancia de cada sueño.

NO SE APOYE EN SU PROPIO
ENTENDIMIENTO

Muchos de nosotros hemos estado en lugares muy difíciles. Hubo un momento en particular en la vida de mi esposa, Pam, y en mi propia vida en que nos rodeaban asuntos casi insuperables. Una noche, Pam tuvo un sueño. En el sueño, ella estaba en un camino que atravesaba una zona boscosa y, sin embargo, ella podía seguir viendo el sol. Mientras ella mantenía sus ojos en el sol, seguía avanzando. Aunque la luz era cada vez más brillante, cuando ella llegó al final del camino un inmenso canto rodado salió del bosque y bloqueó por completo el camino. Durante el sueño, ella comenzó a pensar: *¿Cómo puedo atravesar esto?* Debo llegar al otro lado. Entonces oyó una voz que decía: "No lo intentes y rodea este obstáculo. No intentes saltarlo. No intentes atravesarlo. Háblale y dile que se mueva". Cuando se despertó aquella mañana dijo: "Vamos a hablar a los problemas que vienen contra nosotros". Comenzamos a hablar a cada uno de ellos, haciendo declaración profética, y vimos que comenzaron a producirse cambios.

Proverbios 3:5-6 dice: "Fíate de Jehová de todo tu corazón, y no te apoyes en tu propia prudencia. Reconócelo en todos tus caminos, y él enderezará tus veredas". Busque a Dios. Escuche con atención. Permita que Él le hable. No se apoye en su propio entendimiento, sino deje que Él le indique la manera de atravesar su circunstancia.

Notas
1. Ira Milligan, *Understanding the Dreams You Dream* [Cómo entender los sueños que usted sueña], (Shippensburg, PA: Treasure House, 1997), p. 3.
2. Fiona Starr and Jonny Zucker, *Dream Themes: A Guide to Understanding Your Dreams* [Sueños: Una guía para entender sus sueños], (China: Barnes and Noble Books, 2001), p. 10.
3. "Praying Around the World [Orando por todo el mundo]" *The Prayer Track News,* vol. 8, no. 2 (April/June 1999), p. 8.
4. Jane Hamon, *Dreams and Visions* [Sueños y visiones] (Ventura, CA: Regal Books, 2000), pp. 22-24.
5. Chuck D. Pierce and Rebecca Wagner Sytsema, *The Future War of the Church* [La futura guerra de la Iglesia], (Ventura, CA: Renew Books, 2001), pp. 28-35.
6. Milligan, *Understanding the Dreams You Dream,* pp. 9-10.
7. Hamon, *Dreams and Visions,* p. 37.
8. Ibid., pp. 60-63.

INTERPRETACIÓN DE SUEÑOS Y VISIONES

Sin embargo, en una o en dos maneras habla Dios; pero el hombre no entiende. Por sueño, en visión nocturna, cuando el sueño cae sobre los hombres, cuando se adormecen sobre el lecho, entonces revela al oído de los hombres, y les señala su consejo.

JOB 33:14-16

Seamos o no conscientes de ello, Dios con frecuencia nos revela instrucciones por medio de sueños. Puede que ni siquiera recordemos el sueño, pero a menudo nos despertaremos con un nuevo sentimiento de claridad porque Dios nos ha hablado durante la noche. Debido a que Dios con frecuencia sella nuestras instrucciones por medio de sueños, necesitamos saber cómo interpretarlos adecuadamente.

En la Biblia, la profecía y los sueños debían ser probados de la misma manera, y según Números 12:6, vemos que la profecía y los sueños eran tratados igualmente. Saúl se quejó de que Dios no le hablaba ni le respondía "ni por sueños, ni por Urim, ni por profetas" (1 Samuel 28:6). Por esto podemos deducir que esas eran maneras normales en que la gente oía de Dios. Encontramos tres tipos de sueños en la Biblia:

1. **Un sencillo mensaje en un sueño**. En Mateo 1 y 2, José entendió los sueños referentes a María y a Herodes. No hubo una necesidad real de interpretación. Aquellos sueños fueron directos, al grano y se interpretaron a sí mismos.

2. **El sueño sencillo y simbólico**. Los sueños pueden estar llenos de símbolos. Con frecuencia el simbolismo es lo bastante claro de modo que quien lo sueña y otras personas pueden comprenderlo sin ninguna interpretación complicada. Por ejemplo, cuando José tuvo su sueño en Génesis 37 lo entendió por completo, y también sus hermanos, hasta el punto de querer matarlo aunque tenía símbolos del sol, la luna y las estrellas.

3. **El sueño simbólico complejo**. Este tipo de sueño necesita una capacidad de interpretación de alguien que tenga una habilidad inusual en el don de interpretación o de alguien que sepa cómo buscar a Dios para obtener revelación. Vemos este tipo de sueño en la vida de José, cuando él interpreta el sueño de Faraón. En Daniel 2 y 4 encontramos buenos ejemplos de este tipo de sueño. En Daniel 8

encontramos un sueño sobre el cual Daniel realmente buscó la interpretación divina.

Es nuestra tarea como embajadores de Cristo el ser portadores e intérpretes de la revelación de Dios en esta época.

Entender los símbolos es importante no solo para interpretar nuestros propios sueños, sino también para dar dirección a
quienes acuden a nosotros. Como mencionamos en el capítulo
anterior, Dios habla a los incrédulos por medio de sueños. Yo
diría proféticamente que eso va a aumentar en el futuro, y Dios
necesitará creyentes que sepan cómo discernir e interpretar a
fin de dirigir a muchos a Cristo. Es nuestra tarea como embaja-
dores de Cristo el ser portadores e intérpretes de la revelación
de Dios en esta época.

EL MODELO DE INTERPRETACIÓN DE DANIEL

Al pensar en el proceso de la interpretación del sueño y la
visión, el libro de Daniel nos proporciona un buen patrón a
seguir. La siguiente es la historia de los sueños del rey Nabuco-
donosor y el proceso mediante el cual Daniel los interpretó:

**1. Daniel determinó la fuente de los sueños y supo que
eran un mensaje de Dios.** Este es el primer paso, del que
hablamos en el capítulo 5.

**2. Daniel pidió tiempo para interpretar el sueño (ver
2:16).** El pasaje de 1 Corintios 2:6 (NVI) dice: "En cambio,
hablamos con sabiduría entre los que han alcanzado madurez,
pero no con la sabiduría de este mundo ni con la de sus gober-
nantes, los cuales terminarán en nada". En otras palabras, tenemos sabiduría a la que nadie más tiene acceso: sabiduría que
viene del Señor. A menudo, necesitamos tiempo para buscar

al Señor y obtener su interpretación, al igual que sabiduría de aquellos a quienes Dios ha puesto en nuestras vidas.

3. Daniel acumuló intercesión instando a sus amigos a buscar al Señor (ver 2:18). A veces necesitamos empapar el sueño o la visión en oración y pedir a quienes nos rodean que intercedan por nosotros hasta que una clara interpretación de la visión venga de Dios.

4. Daniel obtuvo revelación del Señor (ver 2:19). A medida que perseguimos una interpretación, podemos hacer ciertas preguntas que son útiles para obtener revelación sobre el sueño o la visión. Estas incluyen:

- ¿A quién se refiere el sueño?
- ¿De qué trata realmente?
- ¿Cuál es el escenario o escenarios?
- ¿Cuál es el simbolismo en el sueño? (Hablaremos más de esto a lo largo del capítulo.)
- ¿Cuáles son las circunstancias actuales y la historia de quien recibió el sueño o la visión?
- ¿Cuál es el tiempo de Dios para cumplir el sueño o la visión? (Haga esta pregunta una vez que se tiene la interpretación.)

5. Daniel adoró a Dios (ver 2:20-23). Es muy importante dar gloria a Dios y adorarle tanto por el sueño o la visión como por la interpretación. Cuando no lo hacemos, pasamos por alto el siguiente paso de revelación en nuestras vidas.

6. Daniel explicó el sueño (ver 2:36-45). Cuando interpretamos un sueño para otra persona, necesitamos ser sensibles al modo en que el Señor nos hará explicar la interpretación.

SUEÑOS E INTERPRETACIONES
EN LA ACTUALIDAD

Cuando yo estaba entrando en las cosas del Señor y del Espíritu, el Señor puso a un maravilloso mentor en mi vida. Lacelia Henderson era maestra en el sistema de escuelas públicas y

también una maravillosa maestra de la Biblia. Lo más importante es que ella entendía la esfera espiritual en la cual yo acababa de aprender a moverme. Me gustaría alentar a cada uno de
los lectores de este libro a encontrar a alguien que pueda ayu-
darle a medida que usted pasa a recibir revelación sobrenatural.
Lacelia tuvo un sueño que realmente ha permanecido conmigo
a lo largo de los años.

En el sueño, yo había ido con unos amigos (Charles y
Charlene) a una cabaña que ellos tienen en el bosque.
Teníamos puestos nuestros pijamas cuando alguien
llamó a la puerta. Charlene se dirigió a responder a
la puerta, y yo esperé en el dormitorio. Si era algún
amigo, yo saldría, y si no, saltaría por la ventana y
correría a pedir ayuda. Cuando ella abrió la puerta,
entraron unos hombres que iban vestidos con trajes
de faena del ejército. Entraron como la GESTAPO y
tomaron el lugar por asalto (lo capturaron). Mientras
tanto, yo había saltado por la ventana con mi pijama
puesto. Cuando ellos vieron la ventana abierta, supie-
ron que yo había escapado. Algunos de ellos salieron
corriendo fuera y se metieron en un vehículo (como
un jeep) para buscarme. Estaba muy, muy oscuro; yo
estaba sola y era vulnerable (con mi pijama puesto).
Sus ojos penetraban en la noche como si estuvieran
escaneando de un lado a otro para divisarme. Cuando
ellos no miraban hacia donde yo estaba, yo corría de
árbol a árbol. Todo ello era muy intenso, y yo tenía
muy poco tiempo para esconderme en el siguiente
árbol antes de que ellos volvieran a dirigir su vista
hacia mi camino. Finalmente llegué a un claro y vi
algunas casas. Supe que tenía que escoger muy bien
la casa hacia la cual correr. Tenía que ser la de alguien
que me conociera y confiara en mí. Sabía que una vez
que pusiera un pie en el claro ellos me verían, y también sabía que cuando corriera a una casa para usar
el teléfono para pedir ayuda no tendría tiempo para

explicar la situación a fin de obtener permiso para usar el teléfono. Si me tomaba tiempo para explicar, el enemigo me agarraría y me detendría. Una vez que llegara a la casa tenía que poder correr directamente al teléfono para hacer la llamada pidiendo ayuda.

Cuando le pedí a Lacelia que escribiera ese sueño, ella me comentó: "Después de todos estos años (han pasado ya 15 años), puedo recordar cada detalle de este sueño vívidamente". ¡Ese sueño era una advertencia! No solamente advertía de la necesidad de conocer sus relaciones en el futuro, sino que también explicaba que los cristianos pasarían a una nueva dimensión de persecución. Fue un sueño que activó discernimiento y visión. Una referencia de la Escritura muy apropiada para este sueño es 1 Samuel 18:14-15: "Y David se conducía prudentemente en todos sus asuntos, y Jehová estaba con él. Y viendo Saúl que se portaba tan prudentemente, tenía temor de él". El pasaje de 1 Samuel 20:3 dice: "Y ciertamente, vive Jehová y vive tu alma, que apenas hay un paso entre mí y la muerte". Ese sueño revelaba un estado cambiante en el gobierno, y desde un punto de vista espiritual mostraba que el "gobierno de Saúl" de la Iglesia perseguiría a quienes estuvieran pasando a un nuevo odre.

En *The Future War of the Church*, Rebecca y yo compartimos esto cuando enumeramos las pautas que nos ayudarán a mantener nuestro enfoque espiritual y a conocer los tiempos en que vivimos:

Debemos saber cómo estar en contacto los unos con los otros de inmediato. Mantener nuestras conexiones y relaciones los unos con los otros es otra clave para asegurar nuestro futuro. Dios de manera soberana nos conecta y nos une unos con otros, a fin de que podamos funcionar eficazmente. Sepa con quién le ha conectado Dios y cómo hacerles saber a ellos lo que Dios le esté diciendo a usted. Esto mantendrá en un orden apropiado el sistema de advertencia de Dios. Una manera de permanecer conectados es mediante las reuniones frecuentes. En Génesis 49 leemos que Jacob reunió a sus hijos y les reveló su futuro. El Señor está utilizando reuniones proféticas en la actualidad de manera muy similar. Cuando nos reunimos corporativamente, Dios nos hablará y nos revelará cosas que puede que no veamos individualmente. Otro método que Dios está levantando para mantener las relaciones es por medio de organizaciones como el centro World Prayer Center en Colorado Springs. El World Prayer Center utiliza tecnología de comunicación de vanguardia para reunir y también difundir información a personas que oran en todo el mundo por asuntos urgentes que requieren una oración inmediata y ferviente. Esta es una manera en que Dios conecta al Cuerpo de Cristo a fin de asegurar la futura cosecha.[1]

Kristine Herman, que trabaja para el instituto Wagner Leadership Institute, tuvo el siguiente sueño:

En mi sueño, yo estaba sentada en una habitación grande con mesas, y había personas comiendo y teniendo comunión. Yo estaba sentada y un hombre que llevaba un jersey blando de manga corta se acercó a mí y me dijo que él creía que el Señor quería que me diera dinero, así que dio dinero en efectivo. Terminó acercándose varias veces y dándome más dinero. Yo no miré para ver cuánto me había dado. Me levanté de mi silla y me alejaba, mirando al mismo tiempo mi cartera para ver cuánto dinero me había dado. Descubrí dos billetes de 100 dólares junto con algunos billetes más pequeños, que sumaban un total de 250 a 300 dólares. También descubrí un cheque en blanco que él había firmado. Su nombre (Larry) y el nombre de su esposa estaban escritos en la esquina superior izquierda del cheque. También tenía un formulario de tarjeta de crédito con la información de la tarjeta de crédito de él escrita, y Larry también lo había firmado.

Kristine interpretó este sueño de inmediato:

Lo que entendí cuando miraba el cheque y el formulario de la tarjeta de crédito era que yo podía comprar cualquier cosas que deseara y que no había límite en la cantidad que podía gastar. Podía liquidar mi hipoteca con su cheque personal y esto estaría bien.

Creo que Dios daría un sueño como ese a alguien que esté en un punto difícil económicamente hablando, o quizá que esté avanzando a una visión más amplia y necesite saber que Dios va a proveer.

CÓMO INTERPRETAR EL SIMBOLISMO

En la mayoría de los sueños que están registrados en la Biblia Dios utilizó una tremenda cantidad de simbolismo para comunicar su mensaje. Jesús con frecuencia usaba parábolas para lo que quería decir, y esto no ha cambiado a lo largo de los años. La inmensa mayoría de los sueños y visiones están cargados de imágenes simbólicas. Por tanto, a menudo es útil tener un entendimiento básico del simbolismo y tener libros de referencia a mano con listas de símbolos y tipos útiles y basadas en la Biblia.[2] (Referirse al apéndice para una lista de símbolos básicos.)

Caracoles y tortugas

Yo una vez tuve un sueño sobre un amigo en McAllen, Texas. En el sueño, mi amigo caminaba por un camino lleno de caracoles. Si él no pisaba los caracoles, estos se convertían en serpientes que siseaban y mordían. También había muchas tortugas, y si mi amigo se mantenía en línea con las tortugas ellas le conducían a su destino sano y salvo.

Cuando Dios me mostró la interpretación, comprendí que los caracoles representaban a los asociados de negocios de mi amigo que estaban unidos con entidades legales que tenían la capacidad de cambiar y morder. Mediante las tortugas, Dios estaba diciendo que mi amigo necesitaba reducir la velocidad de las cosas a fin de prosperar. Cuando compartí esto con mi amigo, él quedó sorprendido. En aquel momento él estaba implicado en tres demandas por separado, y había muchos "caracoles" en su vida. El sueño le dio sabiduría en cuanto a cómo proceder con esos asociados. También, debido a que él necesitaba la advertencia de las tortugas y redujo la velocidad, prosperó y finalmente tuvo éxito en todas sus demandas y empresas.

Los símbolos son flexibles

Ira Milligan añade las siguientes ideas sobre la interpretación de símbolos:

> Casi todos los símbolos pueden tener significados tanto positivos (buenos) como negativos (malos)... Lo más importante a recordar sobre la interpretación de símbolos es: *nunca ser estrecho de mente.* Los símbolos, como las palabras, son muy flexibles. Cuando uno conoce el contexto de un sueño y las circunstancias de la vida de quien lo sueña, puede asignar adecuadamente los significados correctos. Sin ese conocimiento uno solamente puede conjeturar. Por ejemplo, es posible que una hormiga en un sueño signifique varias cosas distintas... [las cuales incluyen] industrioso; sabio; diligente; preparado para el futuro; perjuicio; palabras cortantes o enojadas. Cuando uno sueña con hormigas en un picnic, el contexto obviamente conduciría a "perjuicio" como el significado del símbolo, ¡aun cuando es su industriosa naturaleza la que las hace tan fastidiosas! Soñar con hormigas que reúnen comida se relacionaría directamente con la definición clave de industrioso y preparación diligente para el futuro. De manera similar, soñar con ser picado o mordido por

hormigas encajaría en la definición de "palabras cortantes o enojadas"

A veces un símbolo tiene un significado para una persona que no encajaría en otra... Al intentar descifrar un símbolo, la primera pregunta que deberíamos hacer es: "¿Qué significa este símbolo para [quien lo sueña]?".[3]

Un sueño complejo

En la primavera de 1996 Linda Heidler tuvo este sueño mientras estaba en Israel.

En el sueño, yo estaba con un grupo grande de personas en un lugar desierto. Había mucha arena que soplaba, y que se metía en los ojos. Recuerdo que mi cabello chocaba contra mi cara. Todos observábamos a una mujer que estaba sentada en una máquina grande; estaba sentada en un taburete alto detrás de la máquina. La máquina tenía muchas palancas, poleas, marchas, botones, pedales, etc. Uno a uno, la gente del grupo se quedaba delante de la máquina y la mujer comenzaba a hablar con ellos. A la vez que hablaba con ellos, ella comenzaba a mover los pedales y las palancas; se movía constantemente a la vez que hablaba con ellos. Les decía cosas que ellos necesitaban dejar y cosas que necesitaban aumentar. A medida que hablaba y manejaba la máquina, todas las personas se convertían en triángulos. Cuando ella terminaba, ponía a las personas en contenedores de plástico transparentes como los Tupperware y los cerraba. Cuando terminaba con dos personas, las ponía juntas y formaban una estrella de David, y luego los dos se iban juntos y tan felices.

A medida que observábamos, mirábamos a la persona con quien ella hablaba y decíamos: "No hay manera en que ella pueda convertirlos en un triángulo". Pero uno tras otro, formaban triángulos. Entonces, cuando vimos a quién iba a poner ella como pareja para formar la estrella de David, decíamos: "No hay manera en que esos dos encajen". Pero cuando ella terminaba, los dos quedaban perfectamente encajados y felices.

Cuando llegó mi turno de ponerme delante de la máquina y ella comenzó a hablarme y a manejar la máquina, ¡era simplemente maravilloso! Todo lo que ella decía tenía mucho sentido; era muy sabio, y liberador, y práctico. ¡Me encantaba! Cuando ella terminó, yo era un triángulo. Entonces ella me puso en el Tupperware y me cerró. Yo no podía sentir nada diferente, pero observé que la arena ya no soplaba en mis ojos y que mi cabello ya no me venía a la cara. No recuerdo con quién estaba emparejada para formar la estrella de David, pero me sentía completa.

Este es un estupendo ejemplo de un sueño simbólico complejo. En primer lugar, tenía relevancia en la vida de Linda. En segundo lugar, se aplicaba a mi viaje a Israel (ver el capítulo 5 para leer mi explicación de este sueño de Israel en el que estaba Barbara Wentroble). Y en tercer lugar, tenía una gran relevancia en cuanto a la alineación del pacto. Para interpretar por completo el sueño, utilicé la Escritura y también un entendimiento de los símbolos. Usé varios pasajes para ayudarme en la interpretación de este sueño junto con la palabra de sabiduría:

1. **Hechura**. "Porque somos hechura suya, creados en Cristo Jesús para buenas obras, las cuales Dios preparó de antemano para que anduviésemos en ellas" (Efesios 2:10).
2. **Sellado.** "El cual también nos ha sellado, y nos ha dado las arras del Espíritu en nuestros corazones" (2 Corintios 1:22). "Y no contristéis al Espíritu Santo de Dios, con el cual fuisteis sellados para el día de la redención" (Efesios 4:30).
3. **Unidos.** "Os ruego, pues, hermanos, por el nombre de nuestro Señor Jesucristo, que habléis todos una misma cosa, y que no haya entre vosotros

divisiones, sino que estéis perfectamente unidos en una misma mente y en un mismo parecer" (1 Corintios 1:10). "Pero el que se une al Señor, un espíritu es con él" (1 Corintios 6:17). "De quien todo el cuerpo, bien concertado y unido entre sí por todas las coyunturas que se ayudan mutuamente, según la actividad propia de cada miembro, recibe su crecimiento para ir edificándose en amor" (Efesios 4:16).

4. **Transformados.** "Así que, hermanos, os ruego por las misericordias de Dios, que presentéis vuestros cuerpos en sacrificio vivo, santo, agradable a Dios, que es vuestro culto racional. No os conforméis a este siglo, sino transformaos por medio de la renovación de vuestro entendimiento, para que comprobéis cuál sea la buena voluntad de Dios, agradable y perfecta" (Romanos 12:1-2).

Se necesitaría bastante espacio para escribir la interpretación completa de este sueño, pero creo que cuando lea el sueño junto con esos pasajes bíblicos, descubrirá aplicación también para su vida.

LENGUAJE SIMBÓLICO

Cuando dormimos, somos apartados del contacto con la cultura y con el mundo que nos rodea. Por tanto, si soñamos, algunas veces podemos parecer menos civilizados que aquello que nos rodea, pero también podemos parecer más sabios en nuestros sueños de lo que somos cuando estamos despiertos. Existe un mundo de imágenes y de silencio que realmente no percibimos plenamente muchas veces cuando estamos despiertos.

En su libro, *Dreams* [Sueños], el rabino Shmuel Boteach afirma:

El lenguaje simbólico es un lenguaje en el cual experiencias, sentimientos y pensamientos del interior son expresados como si fueran experiencias o eventos sensoriales en el mundo real. Es un lenguaje que tiene una lógica diferente a la que utilizamos cuando estamos despiertos. Por esta lógica, las categorías dominantes no son el tiempo y el espacio, como lo son en el mundo real; en cambio, el lenguaje simbólico está gobernado por categorías de intensidad y de asociación. Es un lenguaje con su propia gramática y sintaxis, por así decirlo, y un lenguaje que uno debe entender si quiere comprender el significado de Midrashim, mitos y sueños. El lenguaje simbólico es el único lenguaje universal que la raza humana ha desarrollado constantemente; sin embargo, ha sido olvidado por el hombre moderno. Aunque puede que siga escribiendo con él sus sueños, está perdido a la hora de descifrarlo cuando se despierta.[4]

SUSTITUIR SÍMBOLOS POR PALABRAS CLAVE

Una vez que tengamos una idea de lo que representan los símbolos, podemos seguir el ejemplo de Daniel al interpretar el sueño del rey. Él simplemente sustituyó los símbolos por las palabras o patrones clave que estos representaban a fin de descifrar el mensaje en el sueño. Volviendo de nuevo al sueño que yo tuve con mi amigo en McAllen, Texas, la sencilla interpretación sería que él estaba avanzando en los negocios (representado por el camino) y que ciertos socios que lo rodeaban (representados por los caracoles) se volverían y le morderían (representado por las serpientes) si él no trataba con ellos de manera apropiada (representado por pisarlos). Entonces el sueño cambió para revelar que él tendría que ir al ritmo del tiempo de Dios, el cual era más lento que el suyo (representado por seguir en línea con las tortugas) a fin de prosperar (representado por el destino seguro).

Cuando se interpretan símbolos para otras personas, es importante recordar que no deberíamos imponer nuestra interpretación de los símbolos si es un testimonio para quien tuvo el sueño.

¡VUESTROS HIJOS Y VUESTRAS HIJAS PROFETIZARÁN!

Mis hijos tienen muchos sueños, y la mayoría de ellos tienen una vena realmente profética. Se les ha enseñado a escuchar con atención la voz de Dios en sus sueños. Pam y yo tratamos de que ellos compartan sus sueños, ya sean buenos o malos, y luego hablamos con ellos de varias perspectivas espirituales. Daniel, uno de nuestros hijos mayores, tuvo un sueño hace unos años en el cual veía al ejército chino reunirse para invadir nuestro país, y hablamos muchas veces sobre ello. Nuestra hija, Rebekah, tuvo el siguiente sueño cuando tenía 16 años:

Mi amiga Randi y yo íbamos conduciendo en el Expedition (nuestro vehículo familiar). Randi era realmente quien conducía, y yo estaba en el asiento delantero como pasajera. Miré por la ventanilla y vi escombros a nuestro alrededor. Estábamos en una zona de las afueras que había sido destruida. Yo probablemente tenía unos 20 años (tres o cuatro años más de los que tenía cuando tuve el sueño). Vi a niños jugando entre los escombros, y también vi a una familia con un papá y tres muchachos. Los muchachos probablemente tendrían 17, 13 y 10 años de edad, y todos ellos se parecían. Los cuatro iban caminando por entre los escombros agarrados de la mano. Cuando se acercaron al auto, Randi me los presentó. El padre me reconoció y dijo: "Me alegro de verte. Mi esposa solía ser una gran fan de ustedes". Yo quedé perpleja al oír que usaba el verbo en pasado refiriéndose a su esposa. Luego le di la mano al hijo mayor y sentí que lo conocía. Entonces dijimos que nos veríamos en el evento Love Feast en la iglesia, y nos fuimos en el auto.

Cuando llegamos a la iglesia, la iglesia misma estaba completamente intacta, pero todo lo demás a su alrededor estaba destruido. Vi a mi amigo, Micah, en el centro de bienvenida. Cuando me acerqué a él, pasé por la zona donde había folletos. Debajo del tablón de anuncios de la iglesia estaba la fotografía de una familia. Tenía una estera y tres fotografías de la misma familia que yo acababa de ver de camino a la iglesia. En la primera, ellos estaban felices y contentos; había una mujer sonriente en la fotografía. La segunda era solamente del papá y los muchachos, y se veían muy diferentes. La tercera fotografía era solo del hijo mayor. En ella parecía como si estuviera alejando la cámara con sus manos. Yo no entendía por qué estaba incluida aquella fotografía. Cuando fui a la iglesia con otra amiga, seguía pensando que tenía que ayudar a mi amiga Heather, pero no sabía dónde estaba ella. Yo parecía estar distraída hablando, pero mi pensamiento era que tenía que ayudar a Heather.

En ese punto, todo el sueño volvió a repetirse una segunda vez, y luego se repitió una tercera vez; sin embargo, esta vez la atmósfera había cambiado para peor. En la iglesia, fui a la guardería para ayudar a Heather, pero la guardería estaba completamente destruida. En esta parte del sueño yo tenía 10 años más, y era médico. Me volví hacia una señora y le dije que su hijo estaría bien. Heather estaba en la puerta de enfrente en la guardería, y tenía en sus brazos un bebé que yo sabía que estaría bien. Al salir de la guardería yo era mucho más joven. Las cosas no habían sido destruidas y se veían como son en la actualidad. Me encontré con alguien en la entrada que dijo que estaba feliz por mí. Observé que mi mamá estaba en la entrada de la iglesia, y la oí decir que había una nueva familia que asistía a la iglesia y que la mamá estaba muy enferma. En ese momento, aquella familia entró en el edificio y yo me di cuenta que era la familia que había visto al comienzo de mi sueño. La mamá tenía cáncer y se estaba muriendo. Cuando vi al hijo mayor y le di la mano, le pregunté si ya nos conocíamos. Él dijo: "No". Entonces el sueño terminó.

Este es un sueño muy interesante y con un gran significado espiritual. El sueño tiene tres fases, las cuales revelan tres etapas de la vida de Rebekah y tres etapas de la vida de la familia. El sueño también revela tres etapas de destrucción que dan como resultado una futura restauración, y tres etapas de la Iglesia en el futuro. Observe que el sueño se repitió tres veces. En general, si un sueño se repite, se convierte en una revelación muy segura y necesaria para el futuro. Yo podría tomar este sueño y profetizar tremendamente para nosotros, diciendo: "No teman la destrucción que llegará, porque Dios tiene un plan de restauración. Él traerá a muchos enfermos y afligidos; Él restaurará familias. Si le seguimos y nos gozamos en Él, siempre tendremos éxito en el destino de nuestras vidas".

¿CÓMO NOS PREPARAMOS PARA RECIBIR SUEÑOS DE PARTE DE DIOS?

Es probable que, sea usted consciente de ello o no, haya recibido mensajes de Dios en sus sueños. Ahora que tiene usted un mayor entendimiento, la siguiente es una lista de cosas prácticas que puede usted hacer para prepararse para futuras veces:

1. Mantenga una mente abierta. No tenga temor a recibir sueños inspirados por Dios.

2. Asegúrese de que su dormitorio esté en paz y conduzca a oír al Espíritu de Dios. Si tiene usted objetos impíos, como estatuas de gárgolas o tablas de ouija en su dormitorio (o en cualquier otro lugar de su casa), el Espíritu de Dios no podría fluir con tanta libertad porque usted tiene una puerta abierta a la actividad demoníaca. Haga todo lo posible para invitar al Espíritu Santo a su dormitorio.[5]

3. Pregúntese cuáles son sus hábitos de sueño. ¿Tiene usted falta de sueño? ¿Se interrumpe frecuentemente su descanso? Con frecuencia el enemigo intentará que usted no se sienta descansado a fin de que sea difícil percibir lo que Dios está diciendo. Intente mantener en orden sus patrones de sueño para que sea un descanso reparador y rejuvenecedor.

4. Ore antes de irse a dormir y pida al Señor que le hable, y espere recibir sueños espirituales.

5. Tenga un cuaderno y una pluma cerca de su cama para escribir impresiones. Si le es más fácil, tenga cerca una grabadora, y grabe cada detalle que pueda recordar. Si puede recordarlo, puede que haya una buena razón para ello. Grabe el escenario, la progresión, los símbolos, los colores, las personas: todo lo que pueda recordar. Si su sueño cambia de escenas, continúe grabándolo como un solo sueño, porque aunque puede que tenga diferentes escenas, es probable que sea un solo mensaje. También es una buena idea escribir un diario de sus sueños para así poder recurrir a lo escrito en el futuro. Frecuentemente el Señor utilizará una serie de sueños para comunicar un mensaje. Es posible perderse el pleno impacto de lo que Dios está diciendo sin este tipo de registro escrito.

6. Pida al Señor que le ayude a recordar sus sueños. Los sueños son fugaces. Job 20:8 dice: "Como sueño volará, y no será hallado, y se disipará como visión nocturna". Con frecuencia hay un breve espacio de tiempo en el cual usted puede recordar con claridad sus sueños. También, no nos hemos entrenado a nosotros mismos para recordar sueños porque pocos comprenden su verdadero significado. Desde luego, habrá veces en que no podamos recordar nuestros sueños, pero el Señor puede ayudarnos con nuestra memoria.

7. Tómese tiempo cuando se despierte para escribir sus sueños y meditar delante del Señor. Debido a que generalmente tiene usted un breve espacio de tiempo al despertarse para registrar sueños cuando son más vívidos, mi recomendación es que se tome una media hora desde que se despierta hasta que se levanta de la cama, en la cual pueda meditar en lo que el Señor pueda haber estado hablándole durante la noche.

Ese es un buen momento para pedir a Dios que comience a darle una interpretación de su sueño.

8. Asegúrese de responder a la revelación que Dios le dé por medio de sus sueños de la misma manera que haría con una palabra profética o con cualquier otro tipo de revelación inspirada por el Espíritu en su vida. Como hemos afirmado en este libro, toda revelación de Dios requiere una respuesta por parte de usted.

Notas

1. Chuck D. Pierce and Rebecca Wagner Sytsema, *The Future War of the Church* [La futura guerra de la Iglesia], (Ventura, CA: Renew Books, 2001), pp. 22-23.

2. Algunos recursos excelentes para interpretar símbolos incluyen: Ira Milligan, *Understanding the Dreams You Dream* [Cómo entender los sueños que sueña], (Shippensburg, PA: Treasure House, 1997) y *Every Dreamer's Handbook* [Manual del soñador], (Shippensburg, PA: Treasure House, 2000); Jane Hamon, *Dreams and Visions* [Sueños y visiones], (Ventura, A: Regal Books, 2000); Kevin J. Conner, *Interpreting the Symbols and Types* [Cómo interpretar los símbolos y tipos], (Portland, OR: City Christian Publishing, 1999); and Ed F. Vallowe, *Biblical Mathematics: Keys to Scripture Numerics* [Matemáticas bíblicas: Claves de los números en la Escritura], (Columbia, SC: Olive Press, 1995).

3. Ira Milligan, *Understanding the Dreams You Dream,* pp. 31-33.

4. Rabbi Shmuel Boteach, *Dreams* [Sueños], (Brooklyn, NY: Bash Publications, 1991), p. 17.

5. Para mayor perspectiva sobre la limpieza espiritual de la casa, recomendamos: Chuck D. Pierce and Rebecca Wagner Sytsema, *Protecting Your Home from Spiritual Darkness* [Cómo proteger su casa de la oscuridad espiritual], (Ventura, CA: Regal Books, 2004).

CAPÍTULO 7

¡DIOS ESTÁ LISTO PARA CUMPLIR SU PALABRA!

Haré que seas una gloria eterna, el gozo de todos los siglos… y conocerás que yo Jehová soy el Salvador tuyo y Redentor tuyo, el Fuerte de Jacob… Nunca más se oirá en tu tierra violencia, destrucción ni quebrantamiento en tu territorio, sino que a tus muros llamarás Salvación, y a tus puertas Alabanza… Y tu pueblo, todos ellos serán justos… El pequeño vendrá a ser mil, el menor, un pueblo fuerte. Yo Jehová, a su tiempo haré que esto sea cumplido pronto.

ISAÍAS 60:15-22

Cuando oigamos la voz de Dios deberíamos permitir que nuestras expectativas en Él aumenten. En nuestro libro *The Best Is Yet Ahead* (Lo mejor está aún por llegar), Rebecca y yo explicamos que "futuro" y "expectativa" son palabras sinónimas. Nuestro futuro está ligado a una expectativa de que Dios se mueva. Este es el momento en que la Iglesia renueve su nivel de expectativa y ascienda a otro nivel. Isaías 59 y 60 son maravillosas guías de oración para ver cómo sucede eso en nuestras vidas. La esperanza debe trascender y pasar a ser fe. La fe entonces produce victoria, y la victoria conduce a una demostración del poder de Dios y a una manifestación de sus promesas:

> Por tanto, profetiza, y diles: Así ha dicho Jehová el Señor: He aquí yo abro vuestros sepulcros, pueblo mío, y os haré subir de vuestras sepulturas, y os traeré a la tierra de Israel. Y sabréis que yo soy Jehová, cuando abra vuestros sepulcros, y os saque de vuestras sepulturas, pueblo mío. Y pondré mi Espíritu en vosotros, y viviréis, y os haré reposar sobre vuestra tierra; y sabréis que yo Jehová hablé, y lo hice, dice Jehová (Ezequiel 37:12-14).

Observe que la frase "os traeré a la tierra de Israel" fue el cumplimiento profético pronunciado en Ezequiel 36, donde el Señor dijo: "Mas vosotros, oh montes de Israel, daréis vuestras ramas, y llevaréis vuestro fruto para mi pueblo Israel; porque cerca están para venir (Ezequiel 36:8). ¡La palabra del Señor había cerrado el círculo! Como explicamos en el capítulo 2, fueron necesarios cuatro niveles de acuerdo y de profecía para que Ezequiel viera el cumplimiento de la palabra de Dios. ¿Y si Ezequiel hubiera dejado de proseguir después de que los huesos se juntaran pero cuando no había aliento en ellos? Eso es lo que nosotros tendemos a hacer en el Cuerpo de Cristo. Pensamos que hemos oído profecía de Dios, pero cuando las cosas no resultan ser como habíamos creído, con demasiada frecuencia nos desanimamos y terminamos no alcanzando nuestro destino profético. No vemos el cumplimiento de la palabra que

Dios nos ha hablado. A medida que Ezequiel profetizó hasta el final, se liberaron resurrección y poder para que los sepulcros se abrieran y la gente regresó a su propia tierra.

Me encanta esta frase: "Y sabréis que yo Jehová hablé, y lo hice, dice Jehová (Ezequiel 37:14). Una cosa es que haya una promesa en nuestras vidas que sabemos que viene de Dios, pero es otra cosa distinta que esa promesa se cumpla en nuestras vidas. No podemos ser personas que se desanimen fácilmente. El desánimo no tiene lugar en nosotros como pueblo de Dios. Si escogemos no retroceder o detenernos, sino seguir avanzando por los niveles de profecía, ¡Dios hará su voluntad en nosotros y producirá el cumplimiento de la profecía!

En Jeremías 1 vemos a Dios llamando y comisionando a Jeremías para que lleve restauración por medio del cambio y la advertencia. Los versículos 11 y 12 resumen lo que siento que el Señor está diciendo a medida que entramos en el siguiente periodo de nuestro futuro:

> La palabra de Jehová vino a mí, diciendo: ¿Qué ves tú, Jeremías? Y dije: Veo una vara de almendro. Y me dijo Jehová: Bien has visto; porque yo apresuro mi palabra para ponerla por obra.

Quizá estos versículos nos capacitarán para orar y confiar en el Señor para entrar en la plenitud de sus planes con respecto a nuestras vidas.

¡ÉL HACE QUE LOS OJOS SE ABRAN!

La frase: "¿Qué ves?" aparece a lo largo de la Biblia en lugares donde el Señor hace esta pregunta a su pueblo. En Lucas capítulo 2, cuando Jesucristo nació de María y la gloria del Señor se manifestó en la tierra, los pastores que estaban en los campos, vigilando sus rebaños en la noche, quedaron asombrados y hasta temerosos por esa manifestación. El ángel del Señor vino a ellos y les dijo que no tuvieran temor, porque un gran gozo había llegado a la esfera terrenal. En realidad dijo:

"Regocíjense, porque la fuerza redentora que estaba encerrada para sus vidas ahora ha venido a la tierra" (paráfrasis).

De repente, todas las huestes celestiales comenzaron a alabar. Cuando esas huestes se fueron, los pastores hablaron entre ellos y dijeron: "Vayamos ahora a Belén y veamos esto que ha sucedido, que el Señor nos ha hecho saber". Y cuando le hubieron visto, les dijeron a todos lo que los ángeles les habían dicho a ellos (ver Lucas 2:8-17).

En un futuro habrá manifestaciones de la gloria del Señor. No tenga temor a esa manifestación; esté dispuesto a abrir sus ojos a lo que las huestes angélicas estén haciendo alrededor de usted. ¡Vea manifestarse su provisión! ¡Vea su gozo restaurado! ¡Vea llegar el cambio a su esfera de autoridad! Una vez que *vea*, ¡esté dispuesto a declarar lo que el Señor está haciendo!

ÉL ES LA VARA

"Veo una vara de almendro", respondió Jeremías al Señor. La vara era un símbolo de reinado y prosperidad (ver Daniel 11:7; Job 8:16). El Señor es descrito como *la* "Vara", recta y hermosa (Isaías 4:2; Jeremías 23:5; Zacarías 3:8; 6:12). *La* Vara produce pámpanos, y nosotros somos pámpanos de la Vid verdadera (ver Juan 15:5-6).

Las ramas de los árboles (palmera, arrayán, sauce y otros) se utilizaban ceremonialmente en la Fiesta de los Tabernáculos para hacer tabernáculos (ver Nehemías 8:15). Esto nos muestra simbólicamente que al final nosotros, como ramas de Él, nos sobrepondremos unos a otros para formar una cubierta de seguridad a medida que participamos de su gloria en la tierra. Quienes comprendan a la Vara gobernarán.

Regresando a la respuesta de Jeremías al Señor: él concretamente vio un almendro. El almendro era importante en cuanto a que era el primer árbol en florecer; también se usó como instrumento para aumentar los rebaños de Jacob (ver Génesis 30:38). Era uno de los mejores frutos de la tierra que se entregaba como regalo (ver Génesis 43:11). La vara de Aarón produjo almendras maduras, lo cual significaba el sacerdocio futuro (ver Números 17:8).

> # A medida que el Señor le hable, necesita usted levantarse y esperar que las cosas se intensifiquen en su vida. ¡Esté alerta a un nuevo florecer!

La temprana aparición de brotes blancos del almendro estaba ligada a la cabeza canosa que significa sabiduría. Jeremías fue llamado a observar, y cuando vio el almendro, significaba que llegaba la primavera. El almendro simbolizaba "apresuración alerta". A medida que el Señor le hable, necesita usted levantarse y esperar que las cosas se intensifiquen en su vida. ¡Esté alerta a un nuevo florecer! No tenga temor a la poda, porque la Vara ha venido a usted a dar fruto. Declare esto en su vida.

ÉL VIENE A AFIRMAR SU GLORIA

Las promesas de Dios son "sí y amén". Una vez que vemos lo que Dios quería que viésemos, Él comienza a poner un "sí" en lo profundo de nosotros. La afirmación de Dios también está unida al favor. El favor de Dios sobre nosotros hace que experimentemos placer, deseo y deleite. Él se deleita en nosotros cuando vemos su camino para nosotros y caminamos por él.

El favor también está unido a una manifestación de la gloria de Dios. La gloria de Dios (en hebreo *chabod*) significa su peso. Experimentamos la gloria de Dios cuando vemos su honor, esplendor, poder, riqueza, autoridad, magnificencia, dignidad, fama y excelencia. Conocer su voluntad y experimentar su gloria nos saca de la ingenuidad, la inestabilidad, la vanidad y los procesos de pensamiento que suponen que todo es temporal. Una vez que experimentamos esta afirmación de la voluntad y la gloria de Dios, oiremos a Dios decirnos: "Porque nada será imposible para Dios". La afirmación de Dios hace que su gloria sea manifiesta.

ÉL ERA Y ES NUESTRO "YO SOY"

"YO SOY" fue la respuesta de Dios a la pregunta de Moisés en Éxodo 3:13-14. Esto significa: "Yo SOY el que SOY"; "Yo seré quien seré"; o hasta "Yo hago ser aquello que es". La respuesta de Dios no es un nombre que limita a Dios de ninguna manera; más bien es una afirmación de que Dios es siempre libre para ser y actuar como le plazca.

Las respuestas YO SOY de Jesús en varios pasajes del Nuevo Testamento sugieren algo más que simplemente la identificación "Yo soy Él". El YO SOY de Marcos 6:50 significa: "YO SOY Jesús y no un fantasma". Sugiere el divino YO SOY que "anda sobre las olas del mar" (Job 9:8; ver Marcos 6:48-49) y hace que las olas se apacigüen (ver Salmo 107:28-29; comparar Marcos 4:39). Juan 8:24 nos ayuda a ver que Jesús como el YO SOY es una cuestión de vida y muerte eternas para nosotros: "Porque si no creéis que yo soy, en vuestros pecados moriréis".

Muchos de nosotros nunca reconocemos lo que su verdadera identidad de YO SOY significa para nosotros:

- YO SOY es **Jehová**. Declárele "SEÑOR".
- YO SOY es **Jehová-jireh**. Declare: "Yahvé proveerá" (ver Génesis 22:14). Es el nombre que Abraham puso al lugar donde el Señor proveyó un sacrificio sustitutivo de Isaac. Él hizo a Abraham "ver" su provisión.
- YO SOY es **Jehová-rafa**. Declare: "Él ha sanado". En Éxodo 15 Él es quien sanó a los hijos de Israel para que pudieran seguir avanzando hacia la promesa. Él en realidad estaba diciendo: "Ustedes necesitan un sanador. YO SOY quien sana".
- YO SOY es **Jehová-nisi**. Declare: "Yahvé es mi bandera". Moisés declaró a Jehová como bandera y construyó un altar a Él tras derrotar a los amalecitas (ver

Éxodo 17:15). Esté nombre está unido a la liberación y a los milagros.

- YO SOY es **Jehová-shalom**. Declare: "Yahvé es paz". Gedeón construyó un altar al Dios de paz (ver Jueces 6:24). YO SOY es Aquel que puede sanarle. Cuando Gedeón comprendió esta parte de su carácter, fue enviado a hacer guerra contra sus enemigos. YO SOY es la estrategia para derrotar a sus enemigos.

- YO SOY es **Jehová-shama**. Declárele como "el Señor está aquí". La Jerusalén de la visión de Ezequiel fue conocida por su nombre. Compare Isaías 60:19-20 y Apocalipsis 21:3. Que pueda usted sentir y conocer la presencia de Él.

- YO SOY es **Jehová-tsidkenu**. Declárele como "el Señor [es] nuestra justicia" (Jeremías 23:6; 33:16). El nombre se aplica a un futuro rey davídico que conducirá a su pueblo a hacer lo recto, trayendo así paz (23:6) y restaurando la ciudad de Jerusalén (33:16). ¡Usted es la justicia de Dios en Cristo Jesús!

CONOZCA A YO SOY
COMO EL PRÍNCIPE DE PAZ

La paz es un estado de descanso, tranquilidad y calma. La paz es la ausencia de pelea que conduce a la tranquilidad. La paz denota totalidad—cuerpo, alma y espíritu—, y un bienestar perfecto. La paz incluye relaciones armoniosas entre Dios y los seres humanos, de unos con otros, y entre países y familias. Jesús, el Príncipe de paz, da paz a quienes claman a Él para su salvación personal.

Lucas 1:79-80 dice que Él vino "para dar luz a los que habitan en tinieblas y en sombra de muerte; para encaminar nuestros pies por camino de paz". Yo creo que esta es la voluntad del Príncipe de paz en nuestras vidas. Mateo 10:34 dice: "No penséis que he venido para traer paz a la tierra; no he venido para traer paz, sino espada". Estas dos afirmaciones parecen contrarias; sin embargo, lo que el Señor está diciendo es: "Permíteme cortar toda atadura terrenal que te distraiga de *mi* mejor voluntad en el cielo para tu vida. Anhelo verte sano y lleno de paz; por eso permíteme cortar aquello que evitará que seas sano y experimentes las bendiciones de mi pacto".

¡DIOS ESTÁ LISTO PARA CUMPLIR SU PALABRA!

Cuando Dios está listo para moverse, significa que Él está observando, despertando, avivando y anticipando el momento perfecto para alinearse con sus santos en la tierra y liberar su voluntad para que se manifieste en medio de nosotros. Estar listo significa que Él no duerme, está alerta, vigilante y atento para hacer que la puerta sobrenatural en el cielo se abra y se cumpla su voluntad en la tierra. Estar listo significa que Él está buscando atentamente la oportunidad de cuidarnos de una manera nueva. Estar listo significa que Él está observando para construir y plantar en la tierra aquello que ya ha diseñado en el cielo. Cuando Dios estuvo listo para moverse para darle a usted a su Hijo como regalo, comenzó a ordenar y a orquestar los eventos para que se produjera, y Él hace lo mismo en su vida. Observe con atención los eventos ordenados, y esté seguro de que Él está cuidando de usted. Obsérvele a Él, de modo que cuando Él abra puertas para usted, usted entre en una nueva dimensión de libertad, victoria y gloria.

Cuando usted permanece en Él, Él puede llevar a cabo, confirmar y continuar su voluntad en su vida a fin de llevarlo al plan completo que tiene para usted. Él puede hacer que usted soporte sus circunstancias y a sus enemigos a fin de que ellos no le detengan en cuanto a avanzar hacia la victoria definitiva que Él tiene para su vida.

Llevar a cabo significa avivar, fortalecer, tener éxito, lograr, avanzar y designar. Llevar a cabo significa que Él liberará en nuestro interior una capacidad laboriosa, de modo que a medida que avancemos en el camino que Él nos haya dado y nos sacrifiquemos delante de Él, sintamos su presencia y su poder. Llevar a cabo también significa reunir, luchar, juntarse y esperar la guerra que se avecina. En la espera, Él acude a nuestra ayuda a demostrar su amor y capacidad en nuestras vidas. Cuando Él lleva a cabo, Él cumple, termina, reúne, gobierna y nos otorga aquello que necesitamos para completar nuestras tareas victoriosamente.

> Y bienaventurada la que creyó, porque se cumplirá lo que le fue dicho de parte del Señor (Lucas 1:45).

> Él fue enviado "Para hacer misericordia con nuestros padres, y acordarse de su santo pacto (Lucas 1:72).

> Plenamente convencido de que era también poderoso para hacer todo lo que había prometido (Romanos 4:21).

> Estando persuadido de esto, que el que comenzó en vosotros la buena obra, la perfeccionará hasta el día de Jesucristo (Filipenses 1:6).

¡Habrá una actuación! Permita que sea Él la actuación de su vida. ¡Entregue su propia actuación y entre en la de Él!

COMO CONCLUSIÓN

Esperamos que este libro le haya ayudado a reconocer cuando Dios habla y también a aceptar la voz de Dios en su vida. ¡Que el Señor le bendiga abundantemente a medida que busca usted oír su voz y obedecer su voluntad para su vida! Estamos orando para que usted oiga la voz de Dios de una manera nueva.

INTERPRETACIÓN DE SÍMBOLOS EN SUEÑOS

Como observará, muchos de los siguientes símbolos tienen interpretaciones conflictivas asignadas a ellos, algunas positivas y algunas negativas. Esta lista solo pretende ser una guía general. El símbolo siempre necesita ser interpretado a la luz del contexto del sueño o visión, a la luz de lo que el símbolo significa para quien sueña y por la dirección del Espíritu Santo.[1]

NÚMEROS

Uno. Unidad, Dios, principio, primero, rango, orden, nuevo

Dos. División, juzgar, separar, discernir, acuerdo, testimonio; unión (dos que se hacen uno)

Tres. La Trinidad, deidad, conformarse, obedecer, copiar, imitar, semejanza, tradición, lo completo, perfecto, testimonio; conectado con la resurrección física de Cristo y de su pueblo

Cuatro. La tierra (cuatro vientos, cuatro extremos), reinar, gobernar, reino, creación; hombre no salvo o carnal; fronteras

Cinco. Gracia, redención, expiación, vida, la Cruz, gobierno (los cinco dones), obras, servicio, atadura (incluyendo deuda, enfermedad, fobias, etc.), impuestos, prisión, pecado, movimiento

Seis. Humanidad, la bestia, Satanás, carne, carnal, ídolo; manifestación de pecado

Siete. Completo, todo, consumado, reposo, perfección

Ocho. Despojarse (como en despojarse del viejo hombre), santificación, manifestar, revelar, nuevos comienzos, resurrección, morir, muerte; nuevo orden de cosas

Nueve. Manifestación del Espíritu Santo, cosecha, fruto, fructificar, fruto del vientre, finalidad, plenitud; perfección o lo completo divino

Diez. Juicio, prueba, tentación, ley, orden, gobierno, restauración, responsabilidad, diezmo; reino del Anticristo; testimonio

Once. Misericordia, fin, terminar, última parada, no completo, desorganización, desintegración, desgobierno, desorden, el Anticristo; juicio

Doce. Unidos, gobernar, gobierno, supervisar, plenitud apostólica, la santa ciudad de Dios; perfección gubernamental

Trece. Rebelión, volver atrás, apostasía, revolución, rechazo, doble bendición, doble maldición; depravación

Catorce. Pascua doble, recrear, reproducir, discipular, siervo, esclavo, empleado; liberación o salvación

Quince. Libre, gracia, libertad, pecado cubierto, honor; descanso

Dieciséis. Liberado, sin barreras, sin ley, sin pecado, salvación; amor

Diecisiete. Orden espiritual, incompleto, inmaduro, no desarrollado, infantil; victoria

Dieciocho. Ponerse (como en el Espíritu de Cristo), juicio, destrucción, cautividad, vencer; atadura

Diecinueve. Estéril, avergonzado, arrepentido, desinterés, sin fariseísmo; fe

Veinte. Santo, probado y aprobado, probado y hallado falto; redención

Veintiuno. Pecado abundante, de pecado

Veintidós. Luz

Veintitrés. Muerte

Veinticuatro. Maldiciones sacerdotales, perfección gubernamental

Veinticinco. El perdón de pecados

Veintiséis. El evangelio de Cristo

Veintisiete. La predicación del evangelio

Veintiocho. Vida eterna

Veintinueve. Partida

Treinta. Consagración, madurez para el ministerio

Treinta y dos. Pacto

Treinta y tres. Promesa

Treinta y cuatro. Dar nombre a un hijo

Treinta y cinco. Esperanza

Treinta y seis. Enemigo

Treinta y siete. La Palabra de Dios

Treinta y ocho. Esclavitud

Treinta y nueve. Enfermedad

Cuarenta. Prueba, terminar en victoria o en derrota; tribulaciones

Cuarenta y dos. Opresión de Israel, la venida del Señor a la tierra

Cuarenta y cinco. Preservación

Cincuenta. Pentecostés, libertad, jubileo; Espíritu Santo

Sesenta. Orgullo

Sesenta y seis. Adoración de ídolos

Setenta. Anterior a la abundancia, multitud; universalidad, Israel y su restauración

Setenta y cinco. Separación, limpieza, purificación

Cien. Plenitud, medida completa, plena recompensa; elección por la gracia de Dios, hijos de promesa

Ciento diecinueve. El día de resurrección; el día del Señor

Ciento veinte. Fin de toda carne, comienzo de vida en el Espíritu; periodo de prueba divina

Ciento cuarenta y cuatro. Creación y redención finales de Dios; la vida guiada por el Espíritu

Ciento cincuenta y tres. Elección de Dios, avivamiento, reunión, cosecha; llevar fruto

Doscientos. Insuficiencia

Seiscientos. Guerra espiritual

Seis-seis-seis. Anticristo, Satanás, marca de los condenados, marca del hombre que es una bestia; el número de la bestia

Ocho-ocho-ocho. La primera resurrección de los santos

Mil. Madurez, estatura plena, servicio maduro, juicio maduro; lo completo divino y la gloria de Dios

COLORES

Amarillo. Don, matrimonio, familia, honor, don engañoso, timidez, temor, cobardía

Ámbar. La gloria de Dios

Azul. Espiritual, revelación divina, visitación, autoridad, Espíritu Santo, deprimido (como en sentirse melancólico), niño pequeño, esperanza; el azul medio u oscuro puede ser el Espíritu o la Palabra de Dios, bendición, sanidad, buena voluntad; el azul muy claro puede ser el espíritu del hombre, el espíritu malo, corrupto

Blanco. Puro, sin mezcla, ligero, recto, santidad de Dios, Cristo, los ángeles o los santos, sin mancha, inocencia

Carmesí. Expiación por sangre, sacrificio, muerte

Gris. Poco claro, vago, no concreto, confuso, engaño, oculto, astuto, falsa doctrina; cabello gris puede ser sabiduría, edad o debilidad

Marrón. Muerte (como en las plantas), arrepentimiento, nacer de nuevo, sin espíritu

Naranja. Peligro, gran riesgo, daño; una común combinación de colores es el naranja y el negro, que normalmente significa un gran mal o peligro; el naranja brillante puede ser poder, fuerza, energía

Negro. Falta, pecado, ignorancia, lamento, tristeza, depresión, mal, siniestro, hambre, quemado, muerte

Púrpura. Real, reinado, gobierno (bueno o malo), majestuoso, noble

Rojo. Pasión, emoción, ira, odio, lujuria, pecado, entusiasmo, celo, guerra, matanza, muerte

Rosa. Carne, sensual, inmoral, moral (como en un corazón de carne); casto, una niña pequeña

Verde. Vida, mortal, carne, carnal, envidia, sin experiencia, renovación inmadura; siempre verde puede ser vida eterna o inmortal

CRIATURAS

Abejas. Producir dulzura, poder de picar, multitud de gente, aflicción, entrometido, murmurar

Águila. Líder, profeta (verdadero o falso), ministro, fiero depredador, hechicero, fortaleza, rapidez

Araña. Maldad, pecado, engaño, falsa doctrina, tentación; una tela de araña pueden ser trampas, mentiras

Asno (burro). Humildad, paciencia, fortaleza, aguante, servicio

Asno (mula salvaje). Naturaleza humana indomada, testarudez, egoísta, no sometido, depravado, aborrecible, incredulidad

Becerro. Aumento, prosperidad, idolatría, falsa adoración, terquedad, oraciones, alabanza, acción de gracias, extensión (como cuando un becerro sale de un establo)

Buitre. Carroñero, inmundo, impuro, persona o espíritu malo, todo lo ve, espera oportunidad para el mal

Caballo. Fortaleza, rapidez, poder, apoyo espiritual, poder de la carne, guerra espiritual, edad

Cabra. Pecador, incredulidad, terquedad, argumentativo, persona negativa, acusador, Satanás

Caimán. Antiguo, maldad del pasado (mediante pecado heredado o personal), peligro, destrucción, espíritu malo

Camello. Llevar carga, siervo, aguante, largo viaje, sin gracia

Castor. Laborioso, ocupado, diligente, inteligente, ingenioso

Cerdo. Ignorancia, hipocresía, incrédulos religiosos, personas inmundas, egoísmo, glotonería, vicioso, vengativo

Ciervo. Elegante, rápido, seguro, ágil, tímido

Conejo. Aumento, rápido crecimiento, multiplicación; la liebre puede ser Satanás y sus espíritus malos

Cucaracha. Infestación, espíritus inmundos, pecado oculto

Cuervo. Confusión, franco, operando por envidia o lucha, odioso, camino directo, impuro, ministerio de justicia o de provisión de Dios

Dragón. Satanás, espíritus malos, fuerzas del Anticristo

Elefante. Invencible o de piel dura, no ofenderse fácilmente, poderoso, grande

Escorpión. Naturaleza de pecado, lujuria de la carne, tentación, engaño, acusación, destrucción, peligro, un látigo

Gato. Egoísta, indomable, depredador, espíritu inmundo, encanto cautivador, sigiloso, soplón, astuto, engaño, autocompasión, algo precioso en el contexto de una mascota personal

Halcón. Depredador, hechicero, espíritu malo, guerrero, impuro

Hormiga. Laborioso, sabio, diligente, preparado para el futuro, fastidio, picadura, palabras enojadas

Lechuza. Prudente, sabiduría, demonio, maldición, pájaro nocturno

León. Dominio, Cristo, rey, real, valentía, poder, Satanás, tradición religiosa, valor, realeza

Lobo. Depredador, devorador, falso profeta, ganancia personal, maestros malos y falsos, destructor del rebaño de Dios

Mapache. Daño, asaltante nocturno, granuja, ladrón, bandido, engañoso

Mariposa. Libertad, voluble, frágil, gloria temporal

Mono. Necedad, agarrarse, daño, deshonestidad, adicción

Murciélago. Brujería, inestable, voluble, temor

Oso. Destructor, maldición de mal (mediante pecado heredado o personal, incluyendo la pérdida económica o la dificultad), pérdida financiera, peligro, oposición, maldad, astucia, cruel, fuerte, feroz

Oveja. Canto, el pueblo de Dios, inocente

Pájaro. Espíritu, Santo Espíritu, demonio, hombre, murmurar, mensaje; (ver corona, paloma, águila, búho, buitre)

Paloma. Espíritu Santo, mansedumbre, sacrificio

Perro. Lucha, contención, ofensa, espíritu inmundo, no creyentes; un perro mascota puede ser algo precioso, amigo, leal; un perro que mueve la cola puede ser amigo, aceptación; un perro que muerde puede ser devolver mal por bien, traición, ingratitud; un perro que ladra puede ser advertencia, un fastidio incesante; un perro que rastrea puede ser persistencia, obsesión; un perro con rabia puede ser una búsqueda enfocada de la maldad, maldad contagiosa, persecución, gran peligro; un buldog puede ser inflexible, terquedad; un perro guardián puede ser vigilante, anciano, ministro (bueno o malo), alerta

Pez. Almas de la humanidad (tanto limpias como impuras), carácter, motivo

Polilla. Deterioro, destructivo, engañoso, problema indetectable, corrupción

Pollo. Temor, cobardía; la gallina puede ser protección, murmurar, maternidad; el gallo puede ser presumir, alardear, orgullo; el pollo puede ser indefenso, inocente

Rana. Demonio, brujería, maldición, palabras malas, orgullo, impuro

Rata. Inmundo, persona malvada, imbécil, devorador, plaga, traidor

Ratones. Devorador, maldición, plaga, tímido

Serpiente. Maldición, demonio, engaño, amenaza, peligro, odio, calumnia, brujería, sabiduría

Tigre. Peligro, ministerio poderoso (tanto bueno como malo)

Toro. Persecución, guerra espiritual, oposición, acusación, calumnia, amenaza, aumento económico

Zorro. Sutileza, engaño, astucia, falso profeta, líder malvado, pecado oculto, personas maliciosas y malas

OTROS

Aborto natural. Aborto, fracaso, pérdida, arrepentimiento, juicio injusto

Abuelo. Pasado, herencia espiritual (buena o mala), abuelo real

Aceite. Unción; el aceite limpio puede ser la unción del Espíritu Santo, sanidad; el aceite sucio pueden ser espíritus impuros, odio, lujuria, seducción, engaño, hábil, peligro de escurrirse

Ácido. Amargo, ofensa, guardar rencor, odio, sarcasmo

Agua. Espíritu, Palabra de Dios, el espíritu del hombre o el espíritu del enemigo, inestable

Ahogarse. Sobreponerse, autocompasión, depresión, dolor, tristeza, tentación, deuda excesiva

Amigo. Yo, el carácter o circunstancia de un amigo revela algo sobre uno mismo; a veces un amigo representa a otro (busque el mismo nombre, iniciales, color de cabello); a veces representa a un amigo real.

Árbol. Persona o cubierta, líder, refugio, falsa adoración, mala influencia; un roble puede ser un fuerte refugio; un sauce puede ser tristeza; un siempre verde puede ser vida eterna

Automóvil. Vida, persona, ministerio

Barca. Apoyo, vida, persona, recreación, tiempo libre, ministerio personal

Bebé. Nuevo comienzo, nueva idea, dependiente, indefenso, inocente, pecado

Beso. Acuerdo, pacto, seducción, traición, romper el pacto, engaño, amigo

Bicicleta. Obras, obras de la carne, legalismo, fariseísmo, solucionar las dificultades de la vida, mensajero

Bosque. Presentimiento, lugar temeroso, a menudo asociado con la confusión o la falta de dirección

Brazo. Fuerza o debilidad, salvador, libertador, ayudador, ayuda, alcanzar

Bronce. Palabra de Dios o de hombre, juicio, hipocresía, autojustificación, falsificación, humano

Cabello. Protección, pacto, humanidad, doctrina, tradición, vieja naturaleza pecaminosa

Caer. Sin apoyo, pérdida de apoyo (financiero, moral, público),

Calabaza. Brujería, engaño, trampa, bruja, truco

Cama. Descanso, salvación, meditación, intimidad, paz, pacto (matrimonial, natural o malo), hecho por uno mismo
prueba, sucumbir, volver atrás

Camioneta. Familia (natural o la Iglesia), familia ministerial, comunión

Cenizas. Recuerdos, arrepentimiento, ruina, destrucción

Comer. Participar, experiencia, resolución, pacto, acuerdo, amistad, comunión, devorar, consumir

Cuñado. Parcialidad o adversario, compañero en el ministerio, relación problemática, compañero, uno mismo, cuñado

Danza. Adoración, idolatría, profetizar, gozo, romance, seducción, lascivia

Dedo. Sentimiento, sensibilidad, discernimiento, convicción, obras, acusación (como al señalar con el dedo), enseñanza

Desnudez. Descubierto o carne, autojustificación, fariseísmo, impuro, avergonzado, testarudo, tentación, lujuria, control sexual, exhibicionismo, verdad, honesto, naturaleza

Diamante. Duro, terquedad, duro de corazón, inalterable, eterno, don del Espíritu, algo valioso o precioso

Dinero. Poder, provisión, riqueza, talentos y habilidades naturales, riquezas espirituales, autoridad, confianza en la fuerza humana, codicia

Drogas. Influencia, encantamiento, hechicería, brujería, control, legalismo, medicina, sanidad

Elevador. Posición cambiante, entrar en la esfera espiritual, elevado, degradado

Embarazo. En proceso, pecado o rectitud en proceso, deseo, anticipación, expectación

Espejo. Palabra de Dios o corazón de uno, mirarse a uno mismo, recordar, memoria, pasado, vanidad

Extranjero. Extraño, no de Dios, de la carne, demoníaco

Flores. Gloria, temporal, regalos, romance

Hermana. Hermana espiritual, Iglesia, yo, hermana natural

Hierro. Fuerza, poderoso, invencible, fortaleza, terquedad

Invierno. Estéril, muerte, latente, espera, frío, hostil

Lata. Escoria, desperdicio, sin valor, barato, purificación

Lluvia. Vida, avivamiento, Espíritu Santo, Palabra de Dios, depresión, prueba, desengaño

Lucha. Pelea, liberación, resistencia, persistencia, prueba, tribulación, espíritu que intenta obtener control

Madera. Vida, temporal, carne, humanidad, razonamiento carnal, lujuria, eterno, material de construcción espiritual

Madre. Fuente, Iglesia, amor, bondad, madre espiritual o natural

Manos. Trabajo, obras (buenas o malas), labor, servicio, idolatría, guerra espiritual

Manzanas. Fruto, palabras, pecado, tentación, apreciación, fruto del Espíritu

Mecánico. Ministro, Cristo, profeta, pastor, consejero

Mesa. Comunión, acuerdo, pacto, conferencia, provisión; bajo la mesa puede ser un trato engañoso, motivos ocultos, intento malvado

Nieto. Heredero, uno mismo, bendición o iniquidad heredada, el legado espiritual de uno, nieto real

Nubes. Cambio o cubierta, problemas, angustia, amenazador, pensamientos inquietantes, confusión, oculto

Ojos. Deseo, codicia, pasión, lujuria, revelación, entendimiento

Oro. Gloria o sabiduría, verdad, algo preciosos, justicia, gloria de Dios, exaltación propia

Otoño. Fin, terminación, cambio, arrepentimiento

Padre. Autoridad, Dios, autor, creador, fuente, herencia, tradición, costumbre, Satanás, padre natural

Piedra. Testigo, palabra, testimonio, persona, precepto, acusaciones, persecución

Pies. Corazón, caminar, camino, pensamientos (meditación), ofensa, terquedad (inamovible), rebelión, pecado

Plata. Conocimiento de Dios (redención), conocimiento del mundo (idolatría)

Plomo. Peso, maldad, pecado, carga, juicio, necio, necedad

Pluma/lapicero. Lengua, palabras indelebles, pacto, acuerdo, contrato, voto, publicar, registrar, permanente, inolvidable, crítica

Primavera. Nuevo principio, avivamiento, nuevo comienzo, renovación, regeneración, salvación, novedad

Puerta. Entrada, Cristo, oportunidad, camino, avenida, boca

Rodillas. Sumisión, obedecer, adorar, servicio, terquedad, inflexible

Sangre. Vida de la carne, pacto, asesinato, contaminado, impuro, polución, purgar, testimonio, testigo, culpa

Soñar. Un mensaje dentro de un mensaje, aspiración, visión

Suegra. Legalismo, entrometido, problema, suegra natural

Suegro. Ley, relación de autoridad basada en la ley, legalismo, problema de relación de autoridad, suegro natural

Terremoto. Agitación, cambio por crisis, arrepentimiento, prueba; juicio de Dios, desastre, trauma, conmoción

Tormenta. Perturbación, cambio, guerra espiritual, juicio, calamidad o destrucción repentinas, prueba, persecución, oposición, brujería

Tren. Continuo, trabajo incesante, conectado, rápido, Iglesia

Túnel. Pasaje, transición, vía de escape, experiencia perturbadora, prueba, esperanza

Uvas. Fruto, espíritu de promesa, fruto del Espíritu, promesa de ira

Ventana. Revelado, verdad, profecía, revelación, entendimiento, avenida de bendición, expuesto, una apertura sin guarda para que entre un ladrón

Verano. Cosecha, oportunidad, prueba, calor de aflicción

Viento. Espíritu o doctrina, Espíritu Santo, demoníaco o fuerte oposición, palabras ociosas

Vino (bebida fuerte). Embriagador, fuerte emoción (como gozo, ira, odio, tristeza); Espíritu de Dios o espíritu del hombre, revelación, verdad, brujería, delirio, burlador

Nota

Esta lista de interpretación de símbolos en sueños está recopilada de las siguientes referencias: Kevin J. Conner, *Interpreting the Symbols and Types* [Cómo interpretar los símbolos y tipos], (Bible Temple Publishing, 1992); Jane Hamon, *Dreams and Visions* [Sueños y visiones], (Regal Books, 2000); Ira Milligan, *Understanding the Dreams You Dream* [Cómo entender los sueños que sueña], (Treasure House, 1997); Ed F. Vallowe, *Keys to Scripture Numerics* [Claves de la numérica en la Escritura], (Ed F. Vallote Evangelistic Association, 1966). Para mayor explicación de las referencias bíblicas sobre cualquiera de los símbolos enumerados, favor de consultar estas referencias.

LECTURAS
RECOMENDADAS

Bickle, Mike. *Creciendo en el ministerio profético*. Lake Mary, FL: Casa Creación, 1996.

Cooke, Graham. *Developing Your Prophetic Gifting* [Cómo desarrollar sus dones proféticos]. Grand Rapids, MI: Chosen Books, 2003.

Conner, Kevin J. *Interpreting the Symbols and Types* [Cómo interpretar los símbolos y tipos]. Portland, OR: City Christian Publishing, 1999.

Deere, Jack. *Surprised by the Voice of God* [Sorprendido por la voz de Dios]. Grand Rapids, MI: Zondervan Publishing Company, 1996.

Hamon, Bill. *Prophets and Personal Prophecy* [Profetas y profecía personal]. Shippensburg, PA: Destiny Image Publishers, 1987.

Hamon, Jane. *Dreams and Visions* [Sueños y visiones]. Ventura, CA: Regal Books, 2000.

Jacobs, Cindy. *The Voice of God* [La voz de Dios]. Ventura, CA: Regal Books, 1995.

Joyner, Rick. *The Prophetic Ministry* [El ministerio profético]. Wilkesboro, NC: MorningStar Publications, 2003.

Lord, Peter. *Hearing God* [Cómo oír a Dios]. Grand Rapids, MI: Baker Books, 1988.

Milligan, Ira. *Every Dreamer's Handbook: A Simple Guide to Understanding Your Dreams* [Manual de todo soñador: Una sencilla guía para entender sus sueños]. Shippensburg, PA: Treasure House, 2000.

Milligan, Ira. *Understanding the Dreams You Dream* [Cómo entender los sueños que sueña]. Shippensburg, PA: Treasure House, 1997.

Vallowe, Ed F. *Biblical Mathematics: Keys to Scripture Numerics* [Matemáticas bíblicas: Claves de la numérica en la Escritura]. Columbia, SC: Olive Press, 1995.

Yocum, Bruce. *Prophecy* [Profecía]. Ann Arbor, MI: Servant Publications, 1976.

ÍNDICE DE
PASAJES BÍBLICOS